Logística integral y logística inversa en la cadena de suministro de una empresa

avanza editorial

Editado por:
EDITORIAL FAE, S.L.U.
Correo electrónico: editorial@editorialfae.com

Logística integral y logística inversa en la cadena de suministro de una empresa

1ª Edición

ISBN: 978-84-1135-367-0

Impreso en España

Índice

Módulo 1. Cadena de suministro

Módulo 2. Gestión de la producción en una empresa

Módulo 3. Gestión de almacenes

Introducción

Objetivos

Módulo 4. Gestión integral del transporte y logística inversa

Módulo 5. Tecnologías disruptivas en la *supply chain*

Módulo 6. Management en la cadena de suministro

Aplicaciones prácticas

Ejercicio de evaluación final

Solucionario

Bibliografía

Índice

Módulo 1. Cadena de suministro

Introducción

La gestión integral de la cadena de suministro se ha convertido en un elemento esencial para la competitividad empresarial en un entorno cada vez más globalizado, digital y exigente.

A lo largo de este contenido, se analiza cómo cada eslabón de la cadena (desde los proveedores hasta el servicio posventa) forma parte de una red interdependiente cuyo correcto funcionamiento incide directamente en la eficiencia operativa, los costes logísticos, la calidad del servicio y, en última instancia, la satisfacción del cliente.

Además, se profundiza en la logística inversa, una parte cada vez más estratégica del ciclo de vida del producto, tanto por su impacto en la sostenibilidad como por su peso creciente en sectores como el comercio electrónico.

Objetivos

- Identificar todos los escalones de la cadena de suministro y las interacciones y dependencias entre ellos.
- Poner de relieve la importancia de una gestión integral de todos los procesos, así como su integración con la logística inversa.

1. Análisis de la amplitud de la cadena de suministro y su conversión en un factor de competitividad para la empresa

La cadena de suministro abarca el conjunto de procesos y actores involucrados en llevar un producto desde la obtención de materias primas hasta el cliente final. Su amplitud es tal que integra a proveedores, fabricantes, distribuidores, minoristas e incluso al consumidor, formando una red interconectada. Una gestión eficiente de toda la cadena permite reducir costes, agilizar las entregas y mejorar la experiencia del cliente, lo que la convierte en un factor clave de competitividad empresarial.

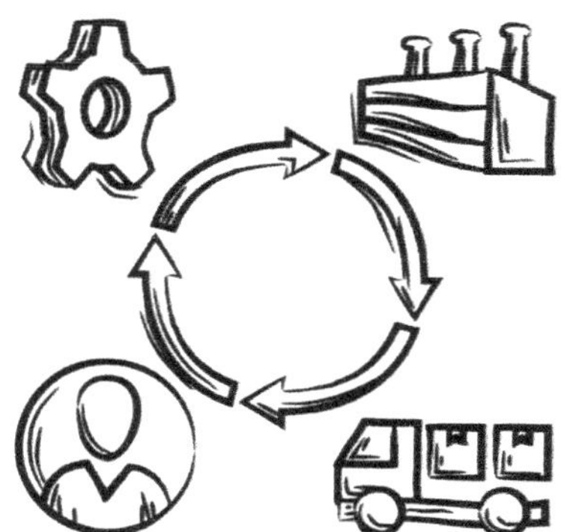

Fig. 1. La cadena de suministro típica aborda desde las materias primas hasta el consumidor final

La pandemia de 2020 evidenció que basta la falla de un solo eslabón para comprometer el cumplimiento de la promesa de entrega al cliente; por ello las empresas buscan optimizar cada etapa de la cadena como ventaja estratégica.

1.1. Explicación de todos los eslabones de la cadena de suministro

Cada eslabón de la cadena de suministro representa una fase clave por la que pasa un producto o servicio en su ciclo de vida, incluyendo la logística inversa al final.

Los principales eslabones son los siguientes:

- **Proveedores (Abastecimiento de materias primas):** Suministran las materias primas, componentes o insumos necesarios para la producción. Sin este primer eslabón no habría producción; una selección adecuada de proveedores garantiza calidad en los insumos y precios competitivos, sentando la base para el resto de la cadena.

- **Fabricación (Productores o manufactura):** Convierte las materias primas en productos terminados mediante procesos de producción. Incluye el diseño, la elaboración y el control de calidad. Es un eslabón crítico, pues de su eficiencia y calidad dependen directamente la oferta disponible y la satisfacción del cliente final.

- **Distribución (Almacenamiento y transporte):** Engloba a los distribuidores y operadores logísticos que se encargan de mover y almacenar los productos terminados desde la fábrica hasta los puntos de venta. Esto implica gestionar inventarios, centros de distribución, transporte de mercancías y entrega de pedidos.

Fig. 2. Una logística bien coordinada asegura que el producto llegue en tiempo y forma al mercado

- **Comercialización y venta (Minoristas):** Corresponde a los minoristas o canales de venta (tiendas físicas, e-commerce, mayoristas) que ponen el producto a disposición del consumidor final. Este eslabón interactúa directamente con el cliente, por lo que su buen desempeño (disponibilidad de stock, servicio al cliente) impacta la demanda y la imagen de la empresa.

- **Consumidor final y Servicio posventa:** El cliente cierra el ciclo de la cadena al adquirir y usar el producto. Además, en esta etapa se manifiesta la satisfacción del consumidor, cuyas expectativas cumplidas o no retroalimentan a toda la cadena. Aquí también entra en juego el servicio posventa para soporte y la gestión de devoluciones.

- **Logística inversa (Devoluciones y reciclaje):** Es el proceso inverso, donde productos usados, defectuosos o sobrantes son devueltos desde el cliente de vuelta al distribuidor, fabricante o incluso al proveedor. Incluye actividades como recolección de mercancía devuelta, inspección, reacondicionamiento, reciclaje o disposición final. La logística inversa no siempre se activa, pero es esencial como eslabón adicional que cierra el ciclo considerando sostenibilidad y satisfacción del cliente en las devoluciones.

Anotación

Todos estos eslabones deben sincronizarse dentro de una visión integral para maximizar la eficiencia.

1.2. Identificación de cada eslabón su posibilidad de ayudar a aumentar la competitividad en la empresa

Optimizar cada eslabón de la cadena de suministro puede traducirse en ventajas competitivas significativas para la empresa.

A continuación, se identifica cómo cada eslabón puede aportar a la competitividad empresarial:

- **Proveedores (Abastecimiento):** Una buena gestión de compras y proveedores puede reducir costos de materiales y asegurar insumos de calidad y a tiempo. Esto evita paros de producción y permite ofrecer precios finales más bajos o márgenes mayores. Relaciones sólidas con proveedores fiables aumentan la resiliencia ante interrupciones. En suma, un abastecimiento eficiente mejora costes y garantiza continuidad, fortaleciendo la posición competitiva de la empresa.

- **Fabricación (Producción):** La eficiencia en la producción (automatización, mejora continua, control de calidad) permite fabricar con menores costos unitarios y con calidad consistente. Un proceso productivo optimizado reduce desperdicios y tiempos de ciclo, elevando la productividad.

  Esto se traduce en capacidad de respuesta más rápida al mercado y en productos confiables, lo que mejora la satisfacción del cliente y la reputación de la marca. La excelencia operativa en fabricación es especialmente clave en sectores industriales para destacar frente a competidores en calidad, innovación y costo.

- **Distribución (Logística):** Una logística ágil y bien planificada agiliza las entregas al cliente y reduce inventarios ociosos. Por ejemplo, implementar modelos como *cross-docking* (transferencia directa de productos desde recepción a envío) minimiza almacenamiento y ahorra costes, permitiendo precios más competitivos.

  Asimismo, una gestión de inventario y transporte apoyada en tecnología (ruteo optimizado, seguimiento en tiempo real) previene retrasos y evita rupturas de stock. Todo esto mejora el nivel de servicio al cliente (entregas rápidas y fiables).

Fig. 3. El modelo cross-docking permite reducir tiempos y costes logísticos al transferir directamente los productos desde el área de recepción a la de salida, sin necesidad de almacenarlos

- **Comercialización y venta:** Tener el producto correcto en el lugar correcto y momento adecuado es vital para capitalizar ventas. Un eslabón de ventas eficiente (ya sea en tiendas físicas con inventario adecuado o plataformas en línea con información en tiempo real) potencia la satisfacción del cliente y la fidelización.

Además, la cadena de suministro puede aportar valor competitivo mediante estrategias como surtidos adaptados por localización, reposición continua (caso de Zara reponiendo colecciones dos veces por semana para renovar oferta), y una estrecha colaboración entre logística y marketing para cumplir promociones o lanzamientos a tiempo.

Fig. 4. La sincronización entre logística y punto de venta permite responder ágilmente a la demanda, generando más ventas

- **Servicio posventa y logística inversa:** Una política de devoluciones ágil y flexible se ha vuelto un diferenciador competitivo, especialmente en el comercio electrónico. Estudios indican que el 73% de los consumidores globales consideran la experiencia de devolución al decidir una compra. Por tanto, gestionar eficientemente las devoluciones (procesos rápidos de reembolso o reemplazo, reintroducción de productos retornados al inventario, reciclaje de residuos) mejora la confianza del cliente y la reputación de la empresa.

  Asimismo, la logística inversa bien manejada puede recuperar valor de productos devueltos o reciclados, reduciendo pérdidas y contribuyendo a la sostenibilidad.

Las empresas líderes logran que su cadena de suministro sea una fuente de valor agregado y diferenciación difícil de imitar por sus rivales.

1.3. Estudio de las interacciones entre cada eslabón

Los eslabones de la cadena de suministro no actúan de forma aislada, sino que interactúan estrechamente formando un flujo continuo de materiales, información y dinero a lo largo de la red. Cada eslabón depende del anterior y condiciona al siguiente; por ello, la gestión integral requiere entender estas interdependencias para coordinar decisiones y evitar "efectos dominó" negativos.

Un aspecto crítico es la sincronización de tiempos y capacidades entre etapas. Por ejemplo, si ocurre una demora o problema en el eslabón de proveedores (abastecimiento de materias primas), inmediatamente se traducirá en retrasos en la producción, incremento de costos y posibles roturas de stock más adelante. Del mismo modo, un fallo en producción (por ejemplo, menor calidad o cantidad producida de lo planeado) ocasiona escasez de producto para distribuir y vender, afectando ingresos y la satisfacción del cliente.

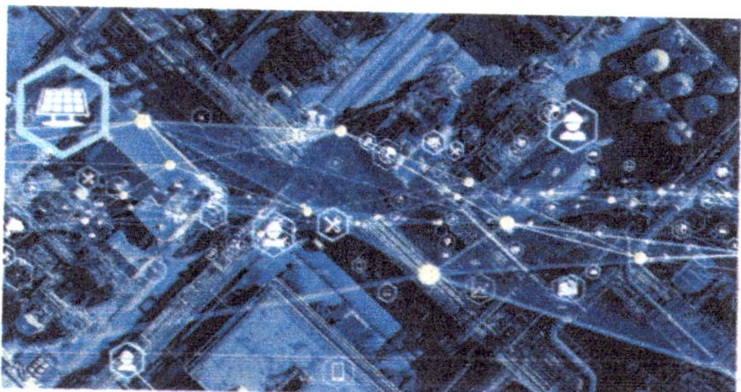

Fig. 5. Los eslabones de la cadena están entrelazados: un problema en uno puede repercutir significativamente en los demás

La distribución y logística inciden directamente en las ventas: dificultades en este eslabón (demoras en transporte, fallos en almacenes) generan retrasos en entregas al cliente, aumento de costes logísticos y desabastecimiento en tienda. Esto a su vez perjudica al eslabón de venta minorista, que enfrenta clientes insatisfechos por no encontrar el producto y posibles pérdidas de ventas. Asimismo, un desempeño deficiente en tiendas (por ejemplo, mala gestión de inventario en el eslabón minorista) causa exceso o falta de stock, ventas perdidas y hasta daño reputacional.

En sentido inverso, las señales de la demanda fluyen desde el cliente hacia atrás en la cadena, afectando las decisiones de reposición y producción. Si los minoristas detectan una alta demanda, deberán transmitir esa información rápidamente a distribuidores y fabricantes para escalar la producción o envíos, evitando quiebres de stock. Una mala comunicación puede derivar en el efecto látigo (*bullwhip effect*), amplificando las variaciones de demanda a medida que retrocede por la cadena y provocando ineficiencias (pedidos excesivos seguidos de sobrantes, o lo contrario).

El efecto látigo, conocido en inglés como *bullwhip effect*, es un fenómeno que ocurre en la cadena de suministro cuando pequeñas variaciones en la demanda del consumidor final se amplifican a medida que se avanza hacia los niveles superiores de la cadena (como distribuidores, fabricantes o proveedores). Esto provoca una distorsión de la información que lleva a pedidos excesivos o insuficientes, aumentando los costes de inventario, generando roturas de stock o sobreproducción, y dificultando la planificación. El efecto suele estar causado por la falta de comunicación, previsiones inexactas o políticas de pedidos poco coordinadas entre los distintos eslabones de la cadena.

Por otro lado, cada eslabón agrega valor al producto y esa contribución se transfiere al siguiente. Una coordinación cercana entre eslabones (por ejemplo, mediante sistemas compartidos de información) permite optimizar el flujo: todos conocen en tiempo real el estado de la cadena (inventarios, tránsito de mercancías, niveles de servicio). Esta visibilidad integral facilita tomar decisiones alineadas entre proveedores, fabricante y distribuidores, evitando cuellos de botella. De ahí surgen prácticas colaborativas como la *planificación de ventas y operaciones (S&OP)* conjunta, reposición continua proveedor-cliente (VMI, *Vendor Managed Inventory*) o integraciones verticales, cuyo fin es mejorar la sincronización de los eslabones.

2. Análisis de la relevancia que tiene cada uno de los eslabones de la cadena y las repercusiones que tienen el resto

Una vez identificados los eslabones de la cadena de suministro, es importante analizar el rol específico y la relevancia de cada uno, así como cómo sus acciones repercuten en el desempeño de los demás. A continuación, se aborda quién suele ser el responsable de cada eslabón, cuál es la secuencia típica de operaciones en la cadena, y cómo varía la preponderancia de ciertos eslabones según el sector de actividad.

Fig. 6. No todos los eslabones tienen el mismo peso en todas las industrias; algunos son críticos en ciertos sectores más que en otros

2.1. Identificación del responsable de cada eslabón de la cadena

En una gestión integral de *supply chain*, diferentes roles o entidades se hacen cargo de cada eslabón, asegurando que las actividades de ese tramo se cumplan eficazmente.

A grandes rasgos, la responsabilidad por eslabón recae de la siguiente manera:

- **Planificación de la cadena:** Suele estar a cargo del gestor de la cadena de suministro o equipo de planificación *supply chain*. Este rol define estrategias y coordina de forma global todos los eslabones, estableciendo objetivos, políticas y garantizando la comunicación entre departamentos. El responsable de la cadena (*Supply Chain Manager*) debe tener una visión holística de cómo las decisiones en cada eslabón afectan al conjunto, liderando la coordinación interfuncional (compras, producción, logística, ventas).

- **Abastecimiento (Proveedores):** Lo gestiona el departamento de compras o aprovisionamiento de la empresa, cuyo responsable de compras se encarga de seleccionar y negociar con los proveedores adecuados. Este rol (*Purchasing Manager*) busca las mejores condiciones de costo, calidad y fiabilidad en el suministro de materias primas o componentes. También verifica que los proveedores cumplan con estándares acordados y gestiona contratos y relaciones a largo plazo. En este eslabón también son actores clave los propios proveedores externos, quienes tienen la responsabilidad directa de proveer los insumos en tiempo y forma.

- **Producción (Fabricación):** Es liderada por el área de operaciones o manufactura de la empresa, generalmente bajo un gerente de producción o jefe de planta. Sus responsabilidades incluyen programar la producción, gestionar la mano de obra y maquinaria, implementar controles de calidad y asegurar que los productos se fabriquen según las especificaciones y plazos requeridos. Este rol coordina de cerca con compras (para insumos) y con logística (para envío de productos terminados). En algunos casos, parte de la producción puede ser externalizada en terceros (proveedores contratados), pero la responsabilidad última de la manufactura y su planificación recae en la empresa fabricante.

- **Distribución y logística:** La gestiona el departamento de logística o de gestión de la cadena de suministro, frecuentemente liderado por un responsable de logística o gerente de distribución. Este se encarga de planificar, ejecutar y controlar el transporte y almacenamiento de productos. Sus tareas incluyen gestionar centros de distribución o almacenes, coordinar flotas de transporte (propias o de terceros), diseñar rutas, administrar inventarios en tránsito, y asegurar la entrega a clientes cumpliendo niveles de servicio.

- Muchas empresas confían parte de este eslabón a operadores logísticos externos (*3PL* o incluso *4PL*), en cuyo caso la responsabilidad operativa es compartida: el 3PL maneja físicamente el transporte/almacenaje, mientras que el gerente logístico interno supervisa y controla el desempeño según acuerdos de servicio.

Fig. 7. Cuando se habla de 4PL, el proveedor gestiona la coordinación integral de toda la cadena, actuando como un gestor completo que organiza y supervisa a múltiples 3PL si es necesario

- **Comercialización y venta (Minorista):** Si la empresa vende a través de distribuidores o minoristas externos (por ejemplo, tiendas detallistas, mayoristas independientes), la responsabilidad de este eslabón recae en esos socios comerciales. Ellos se encargan de la gestión de punto de venta, atención al cliente final y retroalimentación de la demanda.

  En cambio, si la compañía vende directamente (por ejemplo, tiendas propias, *ecommerce* propio), el departamento comercial o de ventas interno asume este rol, asegurando la disponibilidad de productos en los puntos de venta, realizando las actividades de mercadeo y venta, y coordinando con logística las reposiciones.

- **Servicio posventa y devoluciones:** La logística inversa y atención postventa típicamente son gestionadas por un departamento de servicio al cliente o área de logística inversa dedicada. Dicho equipo organiza la recolección de productos devueltos, su inspección, reparación o reposición según corresponda. Involucra a personal de soporte técnico (para diagnosticar problemas), personal de almacén inverso (para clasificar y reacondicionar devoluciones) y coordinación con finanzas (para reembolsos) y con producción (para reprocesar o disponer materiales).

La responsabilidad de este eslabón es difusa, ya que múltiples departamentos intervienen: soporte técnico, atención al cliente, logística, e incluso proveedores (si se retorna al proveedor).

No obstante, suele haber un responsable de posventa o de calidad que centraliza y mide el desempeño de las devoluciones, asegurando que se cumplan políticas de garantía y que las lecciones de fallos de producto retroalimenten a diseño y producción.

Anotación

Actualmente muchas empresas forman equipos multidisciplinares o comités de cadena de suministro para alinear a todos estos responsables bajo objetivos comunes (por ejemplo, nivel de servicio al cliente, rotación de inventario, etc.), reforzando la gestión integral.

2.2. Distinción de la secuencia ente operaciones de una cadena de suministro estándar

Las operaciones de una cadena de suministro típica siguen una secuencia lógica que va desde la planificación inicial hasta la entrega final y posibles devoluciones. Según modelos estándares de *Supply Chain Management* (como el modelo SCOR), se identifican cinco grandes etapas: planificación, abastecimiento, fabricación, entrega (distribución) y devolución.

A continuación, se describe en orden el flujo de un producto a través de estas etapas principales:

1. **Planificación:** Se analiza la demanda prevista de los clientes y se definen estrategias para satisfacerla de manera eficiente. En esta etapa inicial, la empresa determina qué producir y en qué cantidad, planificando sus recursos (materias primas, capacidad de planta, personal) y estableciendo métricas de desempeño. La planificación incluye coordinar con proveedores y fijar calendarios de producción y distribución. Aquí se elaboran pronósticos de ventas, planes de aprovisionamiento y niveles de inventario objetivo.

2. **Abastecimiento (Sourcing):** Consiste en la adquisición de las materias primas, insumos o productos necesarios para la fabricación. La empresa selecciona y negocia con los proveedores adecuados, emite órdenes de compra y establece relaciones de suministro. Durante esta fase también se programan las entregas de insumos al sitio de producción y se asegura la calidad de los materiales recibidos. Un abastecimiento bien gestionado garantiza que lo necesario llegue

en el momento preciso, evitando tanto la escasez que detenga la producción como excesos que generen costos de inventario.

3. **Fabricación (Producción):** Es la etapa donde la materia prima se transforma en producto terminado. Incluye todos los procesos de producción en planta: fabricación, ensamblaje, pruebas de calidad, empaque y preparación para el envío. Aquí se consume lo provisto por el abastecimiento para generar el output que se entregará al cliente. Es una fase intensiva en control: se monitorean métricas como tasas de producción, eficiencia, rendimientos y se aplican ajustes para maximizar productividad sin sacrificar calidad. Lo que ocurra en este eslabón impacta directamente las siguientes etapas – por ejemplo, retrasos o lotes defectuosos en fábrica afectarán las entregas y la satisfacción del cliente.

4. **Entrega y logística (Distribución):** Una vez fabricados los productos, se procede a distribuirlos desde el punto de origen hasta la ubicación del cliente. Esta etapa abarca la gestión de pedidos, el almacenamiento de los productos terminados, la preparación de las cargas y el transporte físico hasta los clientes o puntos de venta. Se ponen en marcha las operaciones logísticas: consolidación de pedidos, selección de modos de transporte (terrestre, aéreo, marítimo), ruteo de camiones, seguimiento de envíos y aseguramiento de la entrega dentro de los plazos acordados. La empresa puede realizar la entrega con recursos propios (flota y personal internos) o contratar operadores logísticos especializados. El éxito de esta etapa se mide en términos de nivel de servicio (entregas a tiempo, en cantidad completa, sin daños) y costos de distribución.

5. **Devolución o logística inversa:** Corresponde a la fase final donde se gestionan las devoluciones de productos desde el cliente de regreso al vendedor o fabricante. Esto ocurre cuando hay productos defectuosos, errores en pedidos, o cuando el cliente ejerce políticas de devolución (muy común en ventas online). La empresa debe establecer un proceso eficiente para autorizar la devolución, recoger el producto, inspeccionarlo y darle el tratamiento adecuado (repararlo, reemplazarlo por uno nuevo, reingresarlo a inventario si está en buen estado, reciclarlo o desecharlo). Aunque esta etapa es "posterior" a la entrega, es esencial para cerrar el ciclo con el cliente satisfecho.

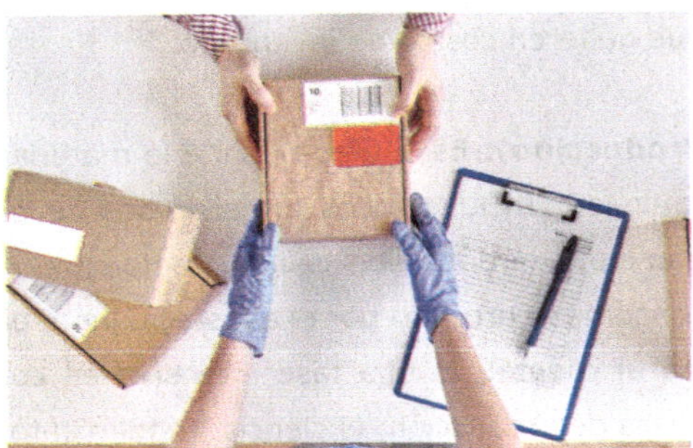

Fig. 8. Cualquier devolución es un momento donde se recopila información valiosa: las razones de devoluciones pueden revelar fallos en producción o distribución que la empresa debe corregir

Anotación

Estas operaciones estándar suelen representarse de forma cíclica, incorporando los flujos directos (planificar→fuente→hacer→entregar) y los flujos inversos (devolver) junto con el flujo continuo de información a lo largo de todas las etapas.

2.3. Análisis de la preponderancia de unos eslabones frente a otros según el sector de aplicación

Si bien todos los eslabones de la cadena de suministro son importantes, su preponderancia relativa varía según el sector o industria. Diferentes modelos de negocio ponen énfasis en distintas etapas para lograr ventaja competitiva o por la naturaleza misma del producto.

A continuación, se analizan ejemplos de cómo ciertos eslabones cobran mayor relevancia en sectores específicos:

- **Sector minorista de moda y bienes de consumo rápido (*fast fashion, retail*):** En industrias como la moda, la rapidez de respuesta al mercado es crucial. Por ello, los eslabones de producción ágil y distribución tienden a predominar. Un caso emblemático es Zara, cuyo éxito se atribuye a una cadena de suministro extremadamente eficiente y sincronizada: repone sus tiendas dos veces por semana, adaptando rápidamente la oferta a las tendencias de venta.

Para lograrlo, Zara integra estrechamente diseño, fabricación en lotes pequeños y una logística de distribución centralizada y veloz (su gran centro logístico automatizado en La Coruña procesa pedidos de tienda casi en tiempo real).

En este sector, la coordinación entre fabricación y logística (sumada a una sólida planificación de la demanda) es más crítica que, por ejemplo, la obtención del costo más bajo de materia prima. La rapidez y flexibilidad –eslabones de producción/distribución– mandan sobre otros factores.

Asimismo, la logística inversa tiene peso en *retail online* de moda, donde las tasas de devolución por talla o preferencia pueden superar el 30%; ofrecer devoluciones fáciles y reincorporar esa mercancía eficientemente es un factor de competencia clave.

- **Sector tecnológico y manufactura especializada:** En industrias como electrónica de consumo, computación o automotriz, el eslabón de abastecimiento y gestión de proveedores adquiere enorme preponderancia. Productos como smartphones o automóviles dependen de miles de componentes; la disponibilidad y calidad de esos insumos (*chips*, piezas especializadas) determinan el éxito.

Por ejemplo, la reciente escasez global de microchips mostró cómo fabricantes de autos tuvieron que frenar líneas de producción por la falta de un componente crítico: aquí la relación con proveedores de primer nivel y la planificación de abastecimiento resultaron vitales para mitigar el impacto.

En automoción, las prácticas just-in-time significan que cada eslabón proveedor debe entregar justo a tiempo; cualquier fallo se detiene la producción, lo que hace del *sourcing* y la coordinación logística just-in-sequence algo predominante. Sectores industriales también suelen depender fuertemente de la calidad en producción, un defecto en fábrica puede implicar llamados a revisión costosos, por lo que el eslabón de fabricación (y controles de calidad asociados) es de máxima prioridad.

Fig. 9. Los mejores resultados surgen de equilibrar todos los eslabones: una cadena es tan fuerte como su eslabón más débil

- **Sector alimentario y productos perecederos:** Aquí el eslabón de distribución es especialmente crítico debido a la sensibilidad en tiempos de entrega y condiciones de almacenamiento. Para alimentos frescos o medicamentos, una logística eficiente (incluyendo cadena de frío) puede ser la diferencia entre aprovechar o perder producto. La preponderancia recae en transporte y almacenamiento adecuados, con tecnologías de monitoreo (ej. sensores IoT para temperatura) y planificación de rutas óptimas para entregas rápidas. Un productor agrícola, por ejemplo, obtiene ventaja competitiva si su cadena logística mantiene la frescura reduciendo tiempos del campo a la mesa. En tanto, la fase de producción (cultivo) está sujeta a variables naturales, pero la cadena de suministro agrega valor asegurando que lo producido llegue al consumidor antes de perecer. También, en este sector cobra relevancia la logística inversa de residuos o retornos por caducidad, por imperativos tanto sanitarios como de sostenibilidad.

- **Sector comercio electrónico (e-commerce):** Las empresas puramente online (retailers digitales) compiten principalmente en el terreno logístico: entregas de última milla y devoluciones. Para un Amazon o similares, el eslabón de distribución (almacenaje automatizado, gestión de pedidos y red de transporte al cliente final) es el corazón del negocio; la velocidad de envío (entregas en 24h o el mismo día) y la eficiencia en preparación de pedidos son su ventaja. Han invertido fuertemente en centros logísticos robotizados y algoritmos de ruteo de entregas para optimizar este eslabón. Del mismo modo, en e-commerce la logística inversa es predominante: políticas de devolución gratuitas y procesos sencillos fidelizan clientes pero implican manejar volúmenes altos de retornos, por lo que muchas empresas implementan centros especializados de devoluciones y sistemas para reabastecer o liquidar productos devueltos rápidamente.

- **Sector industrial B2B tradicional:** En negocios industriales más tradicionales (p.ej. producción de commodities, acero, químicos a granel), la prioridad puede recaer en producción y abastecimiento por la economía de escala. Aquí lograr costos bajos de materia prima y operar plantas al máximo rendimiento es la clave competitiva, mientras que la distribución es relativamente sencilla (envíos en lotes grandes programados). No obstante, incluso en estos sectores, conforme aumentan los estándares de servicio, la confiabilidad logística y rapidez cobran importancia (p. ej., clientes industriales ahora esperan entregas just-in-time, lo que hace que también la logística se vuelva crítica).

3. Identificación de las nuevas tecnologías emergentes en la gestión de la cadena de suministro

La gestión de la cadena de suministro se encuentra en plena transformación impulsada por nuevas tecnologías. En la actualidad, la digitalización y la adopción de tecnologías avanzadas son factores clave que están redefiniendo cómo operan las cadenas de suministro.

A continuación, se presenta el estado del arte de las tecnologías más avanzadas en SCM (Supply Chain Management), se fomenta la actitud de innovación continua necesaria para aprovecharlas, y se ilustran casos de éxito donde la tecnología ha marcado la diferencia.

Fig. 10. La integración de la logística inversa es parte esencial de una cadena sostenible y competitiva, ya que las mismas tecnologías pueden (y deben) aplicarse también a optimizar los flujos de retorno

3.1. Exposición del estado del arte de las tecnologías más avanzadas hoy en día para la gestión de la cadena de suministro

Hoy en día existe un abanico de tecnologías emergentes revolucionando la gestión logística y de la cadena de suministro. Entre las más avanzadas y su aplicación destacada, se encuentran:

- **Inteligencia Artificial (IA) y aprendizaje automático:** La IA permite analizar grandes volúmenes de datos históricos y en tiempo real para optimizar decisiones en la cadena.

Por ejemplo, algoritmos de machine learning mejoran la precisión en la predicción de la demanda y la planificación de inventarios, detectando patrones complejos que serían invisibles manualmente. También habilitan rutas de transporte más eficientes (ruteo dinámico) y la optimización de cargas. El resultado es una cadena más proactiva que se anticipa a cambios del mercado en lugar de reaccionar tarde. Empresas líderes emplean IA para pronosticar ventas con mayor exactitud, ajustar producción en tiempo real e incluso para mantenimiento predictivo de equipos logísticos (evitando fallos inesperados).

- **Sensores e Internet de las Cosas (IoT):** La proliferación de sensores conectados permite una visibilidad en tiempo real sin precedentes de mercancías, vehículos e instalaciones.

Dispositivos IoT pueden monitorear la ubicación exacta de cada envío, así como condiciones ambientales (temperatura, humedad) críticas para productos sensibles. Por ejemplo, en logística de frío se colocan sensores en contenedores de alimentos o vacunas para asegurar que se mantengan dentro de rangos seguros, alertando ante cualquier desvío. El IoT también facilita la gestión de almacenes inteligentes: pallets, estanterías o carretillas conectadas informan sus niveles de stock y movimientos automáticamente.

- **Blockchain y trazabilidad avanzada:** El *blockchain* o cadena de bloques es una tecnología de registro distribuido que permite almacenar información de forma segura, transparente e inalterable. Funciona como un libro de contabilidad digital en el que los datos se agrupan en bloques enlazados entre sí y protegidos mediante criptografía. Cada vez que se realiza una transacción, esta se verifica por una red de nodos y se añade a la cadena en orden cronológico, sin posibilidad de ser modificada posteriormente.

Aunque se hizo popular por su uso en criptomonedas como Bitcoin, el blockchain tiene aplicaciones en muchos sectores, como la logística, la sanidad, los contratos inteligentes o la trazabilidad de productos, ya que garantiza confianza sin necesidad de intermediarios. En SCM, el blockchain se está utilizando para mejorar la trazabilidad de productos desde el origen hasta el consumidor.

Ejemplo

Por ejemplo, Walmart implementó blockchain para rastrear el recorrido de cortes de carne en su cadena, logrando en segundos lo que antes tomaba días en términos de localizar el origen de un lote. Esto aumenta la confianza en la calidad y facilita retiros rápidos en caso de productos defectuosos o contaminados. Asimismo, proyectos de blockchain con navieras (como la plataforma TradeLens de Maersk e IBM) permitieron compartir información de envíos en tiempo real entre múltiples actores, reduciendo tiempos administrativos en aduanas y tránsito.

Fig. 11. La tecnología blockchain ofrece una forma descentralizada y segura de registrar transacciones e información a lo largo de la cadena, garantizando transparencia e inmutabilidad

Anotación

Si bien es una tecnología emergente, los casos de uso exitosos demuestran que blockchain puede aportar transparencia, seguridad y eficiencia, combatiendo además problemas de falsificación y asegurando cumplimiento de estándares (por ejemplo, garantizando que un café es realmente orgánico desde su finca de origen).

- **Robótica y automatización de almacenes:** La robótica está transformando las operaciones logísticas. En los centros de distribución modernos, robots móviles autónomos transportan mercancías dentro de las bodegas, llevando estanterías completas hacia los operarios (o directamente a estaciones de empaquetado). Esto reduce drásticamente los tiempos de desplazamiento humano y eleva la velocidad de procesamiento de pedidos. Amazon es pionera en este campo tras adquirir Kiva Systems, contando hoy con más de 750 mil robots en sus almacenes que han revolucionado su forma de preparar pedidos.

  Además, brazos robóticos avanzados dotados de visión artificial (como los robots Sparrow, Cardinal o Robin en Amazon) clasifican y manipulan productos de diversos tamaños con gran precisión, minimizando errores humanos y operando 24/7. La automatización también se ve en sistemas como *shuttles* y cintas transportadoras inteligentes en almacenes, que agilizan el flujo de mercancías.

- **Big Data Analytics y análisis predictivo:** Muchas de las tecnologías anteriores se basan en la capacidad de recolectar datos masivos. El uso de análisis de datos avanzado (Big Data) junto con IA permite realizar análisis predictivos y prescriptivos. Herramientas de *analytics* recaban datos de ventas, mercado, clima, redes sociales, etc., y generan insights para la toma de decisiones en la cadena.

Por ejemplo, análisis predictivo ayuda a anticipar incrementos de demanda por tendencias estacionales o eventos (p.ej. redes sociales aumentando la demanda de un producto viral. También optimizan niveles de inventario con algoritmos que equilibran el costo de almacenamiento vs. el riesgo de quiebres de stock.

En fabricación, los datos de IoT en maquinaria permiten predecir fallos (mantenimiento predictivo) evitando paros de planta. En distribución, analíticas en tiempo real pueden reconfigurar rutas si detectan congestión de tráfico o asignar dinámicamente pedidos a distintos almacenes según la proximidad al cliente. El Data-Driven Supply Chain (cadena de suministro impulsada por datos) se está convirtiendo en un estándar: las decisiones basadas en datos mejoran la precisión y velocidad, superando la intuición o métodos tradicionales.

- **Sistemas en la nube y plataformas colaborativas:** La adopción de software en la nube (SaaS) para gestión de la cadena es otra tendencia consolidada. Sistemas de gestión integrados – ERPs, WMS (sistemas de gestión de almacenes), TMS (sistemas de gestión de transporte) – alojados en la nube permiten acceso ubicuo a la información y colaboración en tiempo real entre los distintos eslabones. Por ejemplo, un portal compartido entre una empresa y sus proveedores permite ver niveles de inventario y órdenes de compra al instante, facilitando reposiciones automáticas (*VMI*, inventario administrado por proveedor). La nube aporta escalabilidad y unifica datos de distintas fuentes, habilitando también a que pequeñas y medianas empresas accedan a herramientas avanzadas sin gran infraestructura propia. Asimismo, plataformas colaborativas conectan a múltiples actores de la cadena: por ejemplo, redes donde fabricantes, 3PLs y minoristas comparten pronósticos, planeación de transporte y hasta facturación electrónica de manera integrada.

Un ejemplo claro de plataforma colaborativa en la nube para la gestión de la cadena de suministro es SAP Business Network (antes Ariba Network).

Esta plataforma permite a empresas compartir datos en tiempo real con proveedores, gestionar pedidos, controlar inventarios, automatizar pagos y colaborar en la planificación de la demanda, todo dentro de un entorno seguro y accesible desde cualquier lugar.

Fig. 12. Las plataformas en la nube permiten la integración en tiempo real entre fabricantes, proveedores y distribuidores, optimizando inventarios, transporte y comunicación colaborativa

- **Impresión 3D (fabricación aditiva):** Aunque no es aún masiva, la tecnología de impresión 3D está comenzando a impactar las cadenas de suministro al cambiar la forma y el lugar en que se fabrican ciertos bienes. La impresión 3D permite producir piezas o productos bajo demanda y localmente, en lugar de centralizar toda la manufactura en grandes fábricas. Esto conlleva potencialmente reducir costos de transporte y almacenamiento, ya que se puede imprimir cerca del punto de uso solo lo necesario.

En campos como repuestos industriales, algunas empresas ya imprimen componentes en sus instalaciones cuando se requieren, reduciendo tiempos de espera y stock de seguridad. Si bien la impresión 3D no reemplazará a métodos masivos en todos los casos, para productos personalizados o series cortas es revolucionaria. Su adopción más amplia en el futuro podría llevar a cadenas de suministro mucho más descentralizadas y flexibles, donde el diseño digital viaja más que el producto físico.

- **Realidad aumentada (AR) y virtual (VR):** Estas tecnologías están encontrando nichos de aplicación en logística. La realidad aumentada se usa, por ejemplo, en almacenes equipando a operarios con gafas AR que les van indicando en pantalla la ubicación exacta de los productos que deben recoger y la mejor ruta dentro del almacén.

Empresas como DHL han probado sistemas AR para *picking* que incrementaron la velocidad y redujeron errores de preparación de pedidos al guiar visualmente al trabajador, resultando en mejoras de productividad de doble dígito. La realidad virtual, por su parte, se utiliza en capacitación del personal, permitiendo recrear escenarios de cadena de suministro (como operar montacargas o simular situaciones de emergencia logística) en un entorno virtual seguro. Esto acelera el entrenamiento y reduce riesgos.

Ambas tecnologías, AR/VR, contribuyen a una fuerza laboral aumentada y más preparada, integrando al factor humano eficientemente con los sistemas digitales.

- **Vehículos autónomos y drones:** Si bien en fase experimental, merece mención la tendencia hacia transportes autónomos. Camiones autoconducidos ya han realizado pruebas de entregas en EE.UU. y Europa, lo que en el futuro podría aliviar escasez de conductores y operar rutas largas de forma continua. Los drones de reparto también se han ensayado para entregas de última milla de pequeños paquetes, especialmente en zonas remotas o congestionadas. Regulaciones mediante, podrían agilizar entregas ultrarrápidas. Otra vertiente son los robots de entrega terrestres (vehículos pequeños autónomos) que algunas empresas de distribución de comida o paquetería han desplegado en campus o ciudades piloto.

Fig. 13. Los vehículos autónomos representan una revolución en el transporte al combinar sensores, inteligencia artificial y conectividad para desplazarse sin intervención humana

Es importante destacar que la logística inversa también se beneficia de estas innovaciones: por ejemplo, la IA y analítica pueden optimizar rutas de recolección de productos devueltos; IoT y *blockchain* garantizan trazabilidad en procesos de reciclaje y retorno de envases; la robótica puede automatizar la clasificación de productos retornados en almacenes; e incluso la impresión 3D puede permitir refabricar piezas defectuosas localmente. De esta manera, las tecnologías emergentes potencian no solo los flujos "hacia adelante" sino también los flujos de retorno, haciéndolos más sostenibles y rentables, lo cual es un factor creciente de competitividad dado el énfasis actual en la economía circular y la satisfacción posventa.

La siguiente tabla comparativa resume las principales tecnologías, herramientas y estrategias expuestas, junto con sus ventajas, inconvenientes y aplicaciones destacadas en la gestión de la cadena de suministro. Esta tabla permitirá visualizar de forma clara las diferencias entre enfoques y su idoneidad para cada estrategia de mejora:

Tecnología / Estrategia	Ventajas	Inconvenientes	Aplicaciones destacadas
Inteligencia Artificial (IA) y Machine Learning	Anticipa demanda, optimiza rutas, mantenimiento predictivo	Requiere datos de calidad, coste inicial alto	Predicción de ventas, mantenimiento predictivo
Internet de las Cosas (IoT)	Visibilidad en tiempo real, control ambiental, automatización	Vulnerabilidad a ciberataques, coste de sensores	Logística de frío, almacenes inteligentes
Blockchain y trazabilidad	Registro seguro e inmutable, confianza, trazabilidad	Curva de aprendizaje alta, interoperabilidad limitada	Rastreabilidad alimentaria, plataformas logísticas
Robótica y automatización de almacenes	Operación 24/7, precisión, eficiencia en almacenes	Alta inversión, rediseño de flujos necesarios	Centros logísticos, picking automatizado
Big Data y análisis predictivo	Decisiones precisas, equilibrio inventario-demanda	Dependencia de herramientas, formación especializada	Ajuste de stock en tiempo real, análisis cliente
Sistemas en la nube y plataformas colaborativas	Acceso remoto, integración en tiempo real, escalabilidad	Riesgos de seguridad, necesidad de conectividad	Gestión con proveedores, pedidos automatizados
Impresión 3D	Producción local bajo demanda, personalización	Lenta para grandes volúmenes, materiales limitados	Repuestos industriales, productos personalizados
Realidad Aumentada (AR) y Realidad Virtual (VR)	Formación inmersiva, reducción de errores en picking	Requiere hardware, no aplicable a todos los entornos	Capacitación logística, picking visual guiado
Vehículos autónomos y drones	Reducción de costes, entregas autónomas, innovación logística	Dependencia regulatoria, limitaciones técnicas	Entregas remotas, última milla autónoma

3.2. Generación de una actitud de incesante búsqueda por la innovación y la tecnología

Las cadenas de suministro más exitosas son resultado de una constante autoevaluación y aprendizaje, combinados con planificación rigurosa, ejecución disciplinada y enfoque en mejora continua. Esto implica que el equipo de *supply chain* (y la empresa en general) debe cuestionar periódicamente sus indicadores y procesos, e investigar cómo mejorarlos, ya sea con ajustes incrementales o con transformaciones mediante tecnología.

Fomentar una actitud de "estar al día" e incluso adelante en tendencias requiere invertir en capacitación y experimentación. Las empresas líderes suelen destinar recursos a investigar tecnologías emergentes aplicables a su cadena (por ejemplo, realizar pilotos con IoT en una línea de productos, o con *analytics* avanzados en la planificación de demanda) antes que sus competidores. También mantienen un vínculo con el mundo académico, foros profesionales y proveedores tecnológicos para conocer innovaciones. Un ejemplo es la creación de laboratorios de innovación logística o la participación en proyectos piloto de la mano de startups especializadas en cadena de suministro digital.

Fig. 14. La búsqueda incesante de innovación en supply chain es ya un requisito para mantener la relevancia en un entorno competitivo

Además, es importante incentivar internamente la mejora innovadora. Técnicas de filosofía *Lean* como Kaizen (mejora continua) o eventos Kaikaku (cambios radicales) pueden combinarse con la introducción de tecnología. Por ejemplo, al digitalizar un proceso antes manual, se anima al personal a proponer cómo esa digitalización puede reconfigurar la forma de trabajar para ser más eficientes, en lugar de simplemente replicar el proceso antiguo en la computadora. La gestión del cambio es clave: el personal debe sentirse parte del proceso innovador y contar con formación para usar las nuevas herramientas. Una cultura que recompensa las ideas innovadoras (aunque alguna pueda fallar) y que no teme a la adaptación rápida sacará mejor provecho de las tecnologías disponibles.

En la práctica, generar esta mentalidad innovadora significa también alinear los objetivos e incentivos de la cadena de suministro con la innovación. Por ejemplo, incluir métricas de evaluación que valoren la reducción de huella de carbono (incentivando a buscar tecnologías verdes), o la reducción de tiempos de ciclo mediante automatización. Asimismo, los líderes de *supply chain* deben comunicar con claridad la visión de hacia dónde se quiere llevar la cadena en 3-5 años tecnológicamente, para que todos remen en esa dirección.

Un punto importante es mantener un equilibrio entre lo probado y lo nuevo. La actitud de innovación incesante no implica adoptar cada moda tecnológica sin análisis; más bien, se trata de estar abiertos a nuevas ideas y pruebas controladas. Algunas empresas siguen el marco de dividir sus esfuerzos en: 70% mejoras incrementales a procesos actuales, 20% implementación de tecnologías emergentes conocidas, 10% experimentos "moonshot" de alto riesgo/alta recompensa. Esto les permite evolucionar continuamente sin comprometer la operación *core*.

 **Anotación**

La alta dirección también tiene responsabilidad en cultivar esta actitud: debe dar apoyo y presupuesto a iniciativas de transformación digital de la cadena, entendiendo que es una inversión estratégica.

3.3. Exposición de casos de éxito en nuevas tecnologías en cadenas de suministro

Para ilustrar cómo la adopción de tecnologías emergentes y prácticas innovadoras puede traducirse en ventajas competitivas reales, a continuación, se presentan casos de éxito de empresas que han transformado su cadena de suministro.

Estos ejemplos, en el ámbito comercial y del transporte, demuestran resultados tangibles obtenidos gracias a la digitalización, automatización e integración de procesos (incluyendo logística inversa):

- **Walmart. Trazabilidad y eficiencia con *blockchain* y RFID:** Walmart, gigante del retail, ha sido pionero en incorporar tecnologías para optimizar su inmensa cadena de suministro. Un caso notable es el uso de *blockchain* para la seguridad alimentaria: Walmart implementó una solución blockchain para rastrear ciertos alimentos frescos (como mangos y carne de cerdo) desde la granja hasta la tienda. Esto permitió reducir el tiempo de trazabilidad de productos de días a solo segundos, mejorando la capacidad de reacción ante alertas sanitarias.

  Además, Walmart fue de los primeros en usar etiquetas RFID a gran escala para llevar control de inventario en tiempo real en sus almacenes y tiendas. Estas etiquetas de identificación por radiofrecuencia, escaneadas automáticamente, facilitaron conocer existencias y ubicaciones de productos al instante, reduciendo errores humanos y pérdidas. Gracias a iniciativas como *cross-docking* y RFID, Walmart logró recortar costos logísticos a niveles muy bajos, pudiendo ofrecer precios menores que sus competidores.

Fig. 15. La cadena de suministro de Walmart altamente tecnificada es considerada un factor central de su liderazgo en retail

- **Amazon. Automatización robótica y rapidez en distribución:** Amazon ha revolucionado la logística comercial con un altísimo grado de automatización en sus centros logísticos. Tras la compra de Kiva, desarrolló un ejército de robots móviles que trasladan estanterías de productos dentro de los almacenes, acelerando el *picking*. En su centro de última generación en Shreveport (EE.UU.), Amazon desplegó diez veces más robots que en instalaciones previas, logrando un nivel de automatización sin precedentes. Estos robots móviles autónomos redujeron significativamente el tiempo para procesar y empacar pedidos, permitiendo a Amazon gestionar enormes volúmenes en lapsos cortos.

  Adicionalmente, la compañía incorporó brazos robóticos inteligentes para clasificación de paquetes (como el brazo Sparrow presentado en 2022, capaz de identificar y manipular millones de ítems distintos). Con ayuda de visión por computador y IA, estos robots trabajan continuamente prácticamente sin errores. El resultado es que un gran porcentaje de los pedidos de Amazon pasan por al menos un proceso robotizado, contribuyendo a la velocidad de entrega Prime que asombra al mercado.

  A su vez, Amazon aplica IA y Big Data para optimizar rutas de reparto (sistema ORION) y predecir demanda por zona, acercando stock a los *hubs* adecuados incluso antes de la compra (*anticipatory shipping*). Todos estos desarrollos han posicionado a Amazon como referencia absoluta de eficiencia logística, difícil de alcanzar por competidores tradicionales.

  Cabe mencionar que Amazon también innova en logística inversa, con políticas de devolución muy amigables al cliente (como reembolsos inmediatos o devoluciones sin caja en *lockers*), soportadas por sistemas tecnológicos que agilizan el reingreso de productos devueltos a inventario o su envío a liquidación.

  Esto mantiene la satisfacción del cliente alta, a la vez que minimiza el impacto de costos de las devoluciones para Amazon.

- **Zara (Grupo Inditex). Integración tecnológica para respuesta rápida:** Zara ha construido una de las cadenas de suministro más admiradas en el sector moda, combinando integración vertical con tecnologías que habilitan su modelo de moda rápida (*fast fashion*).

Un factor de éxito es su sistema centralizado de gestión de inventarios y comunicaciones: al cierre de cada jornada, cada tienda Zara envía electrónicamente las ventas del día por productos. Un sistema central recopila esta información de cientos of tiendas y, mediante algoritmos, genera órdenes de reaprovisionamiento para fábrica y centro logístico. En su enorme centro de distribución en Arteixo (España), la automatización permite clasificar y empaquetar los pedidos de reposición para cada tienda en unas pocas horas.

Cintas transportadoras, clasificadores automáticos y sistemas de embalaje inteligentes logran que la mercancía confeccionada pase muy poco tiempo en almacén. Inditex también implementó RFID en prendas para rastreo unitario: cada prenda lleva un microchip RFID desde fábrica, facilitando inventarios instantáneos en tiendas y reabastecimiento preciso. Este cúmulo de tecnologías integradas permite a Zara llevar un diseño desde la pasarela a las tiendas en solo semanas, y ajustar la oferta exactamente a lo que vende en cada local. La logística inversa en Zara (devoluciones de tienda o online) también se gestiona de forma centralizada y eficiente: muchas prendas devueltas en buen estado se redistribuyen rápidamente a otras tiendas donde sí se venden, evitando pérdidas. Gracias a esta cadena tan ágil y tecnificada, Zara compite no en precio bajo, sino en rapidez y renovación constante de surtido, algo altamente valorado por su mercado.

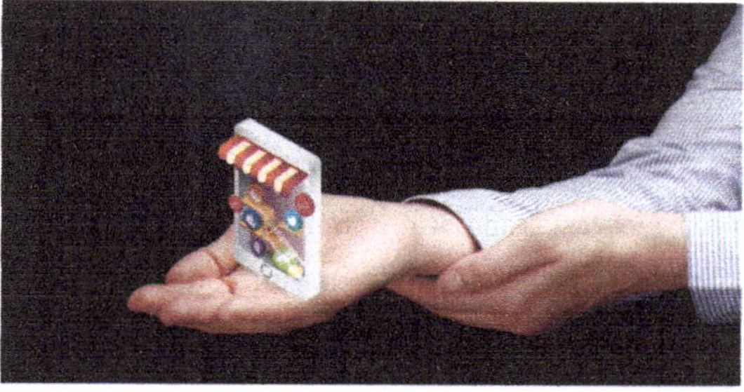

Fig. 16. Invertir en la transformación tecnológica de la cadena de suministro rinde frutos tangibles, y la logística deja de ser solo un centro de coste para convertirse en una fuente de valor

- **DHL. Uso de realidad aumentada y big data:** DHL, líder global en paquetería y logística, ha apostado por innovaciones para optimizar sus operaciones. En almacenes, ha llevado a cabo pilotos exitosos de gafas de realidad aumentada para asistencias en *picking*: los operadores ven en las gafas la lista de ítems a recoger y la ubicación exacta en el estante, escaneando códigos de barra con la mirada. En pruebas, esto incrementó la productividad cerca de un 15% y redujo errores casi a cero, demostrando el potencial de AR en entornos logísticos.

  Por otra parte, DHL emplea intensivamente *Big Data analytics* en su cadena: analiza datos de volumen de envíos, condiciones climáticas, tráfico en rutas, etc., para optimizar la asignación de recursos y anticipar cuellos de botella. Sus centros de control logístico usan dashboards en tiempo real que integran datos globales, permitiendo redirigir envíos ante eventualidades (ej: desvío de paquetes a otro hub si un aeropuerto cierra inesperadamente). Un caso particular de éxito tecnológico es la alianza de DHL con IBM para incorporar *machine learning* en la predicción de demoras aduaneras y riesgos en rutas internacionales, mejorando la puntualidad de sus entregas intercontinentales.

  Asimismo, en logística inversa, DHL desarrolló soluciones especializadas para gestionar la devolución de productos electrónicos (recogida, reciclaje o reacondicionamiento) apoyadas en sistemas de seguimiento y clasificación automatizada, lo que ha atraído a clientes que buscan tercerizar una logística inversa eficiente y verde.

- **Empresa de automoción Toyota. Pionera en digitalizar el Just-in-Time:** Toyota es reconocida por su sistema de producción *Lean* y just-in-time, pero en años recientes ha fortalecido su cadena con tecnologías modernas para elevar aún más la eficiencia.

  Ha implementado sistemas Kanban electrónicos: lo que antes eran tarjetas físicas ahora son señales digitales en una plataforma IoT que conecta proveedores, planta y logística. En cuanto un contenedor de piezas se vacía en la línea de montaje, un sensor IoT envía la señal al proveedor para reaprovisionar, todo automatizado.

Toyota también emplea vehículos guiados autónomos (AGVs) dentro de fábricas para mover materiales al sitio exacto en el momento preciso, coordinados por un cerebro digital central. Para asegurar calidad en la cadena de suministros global, Toyota exige a sus proveedores el uso de portales colaborativos donde comparten niveles de inventario y detectan variaciones en demanda. Incluso están probando *blockchain* para registrar trazabilidad de componentes críticos y certificaciones de proveedor en una red compartida, facilitando auditorías de calidad. En logística de distribución, Toyota utiliza *big data* para optimizar la carga de camiones que llevan autos a concesionarios, combinando modelos matemáticos para maximizar utilización de espacio con información en tiempo real de disponibilidad de camiones. Esto redujo viajes vacíos y tiempos de entrega de vehículos a clientes finales. Gracias a estas iniciativas tecnológicas, Toyota ha mantenido su cadena muy robusta; por ejemplo, durante desastres naturales que golpearon a ciertos proveedores, pudo reconfigurar rápidamente flujos alternativos gracias a la visibilidad total que sus sistemas le brindaban (identificando qué piezas venían de dónde y recalculando stocks de seguridad).

 **Anotación**

En todos estos casos, se observa un hilo común: la tecnología aplicada estratégicamente resuelve puntos débiles o limitaciones de la cadena tradicional, generando mejoras en costo, velocidad, transparencia o servicio que derivan en ventajas competitivas.

Resumen

En un entorno saturado a cadena de suministro está formada por etapas interconectadas: abastecimiento, producción, distribución, venta, servicio posventa y logística inversa. Cada eslabón cumple una función específica y debe coordinarse con los demás para garantizar eficiencia, calidad y satisfacción del cliente. El modelo just-in-time reduce inventarios entregando justo cuando se necesita, y el cross-docking permite mover productos del transporte de entrada al de salida sin almacenarlos. La logística inversa gestiona devoluciones, reacondicionamientos o reciclajes, siendo fundamental en e-commerce.

Las tecnologías emergentes están revolucionando este entorno. La *blockchain* aporta trazabilidad y seguridad; el Internet de las Cosas (IoT) conecta objetos para permitir monitoreo en tiempo real; y los vehículos autónomos y la robótica optimizan tareas físicas. Un caso destacado es Amazon, que ha automatizado más del 75 % de sus pedidos con robots como Proteus o Cardinal, integrando además sistemas avanzados como Sequoia. Esto ha mejorado la eficiencia, reducido tiempos de entrega y creado miles de empleos técnicos.

Estas transformaciones aumentan la productividad, mejoran la sostenibilidad mediante una logística más verde, el uso de materiales reciclados y la reducción de la huella de carbono. La cadena de suministro moderna ya no es solo operativa, sino un activo estratégico.

Glosario

Blockchain

Tecnología de registro distribuido que garantiza trazabilidad, seguridad y transparencia en las transacciones de la cadena de suministro.

Cadena de suministro (Supply Chain)

Conjunto de procesos y actores implicados en llevar un producto desde su origen hasta el cliente final, incluyendo proveedores, fabricantes, distribuidores y minoristas.

Cross-docking

Estrategia logística que consiste en transferir productos directamente desde la recepción a la expedición sin pasar por almacenaje intermedio.

Efecto látigo (*Bullwhip effect*)

Distorsión de la demanda a lo largo de la cadena de suministro, provocada por una mala comunicación o planificación, que genera ineficiencias.

Eslabón

Cada una de las etapas que componen la cadena de suministro, como el abastecimiento, la producción, la distribución o la venta.

Internet de las Cosas (IoT)

Red de dispositivos conectados que permite monitorear en tiempo real objetos, vehículos o procesos logísticos.

Just-in-Time

Modelo de producción y abastecimiento que busca reducir inventarios entregando materiales justo en el momento en que se necesitan.

Logística inversa

Flujo de retorno de productos desde el consumidor hacia el origen, ya sea para su devolución, reacondicionamiento, reciclaje o eliminación.

Supply Chain Manager

Profesional responsable de planificar, coordinar y optimizar los flujos de materiales, información y dinero en la cadena de suministro.

Vendor Managed Inventory (VMI)

Modelo de gestión de inventario en el que es el proveedor quien se encarga de reponer automáticamente los productos en función de la demanda del cliente.

Ejercicios de autoevaluación

1. ¿Qué etapa forma parte de la cadena de suministro?

a. Publicidad digital.

b. Producción de contenidos.

c. Distribución física de productos.

d. Control financiero de terceros.

2. ¿Qué objetivo persigue el modelo Just-in-Time?

a. Aumentar el stock de seguridad.

b. Reducir los tiempos de producción a cero.

c. Eliminar al proveedor como intermediario.

d. Minimizar inventarios entregando justo cuando se necesitan.

3. ¿Qué caracteriza al modelo de cross-docking?

a. Se centra en el almacenaje prolongado.

b. Los productos se mueven directamente del muelle de entrada al de salida.

c. Utiliza grandes centros logísticos internacionales.

d. Requiere embalajes especiales para su implementación.

4. ¿Qué es la logística inversa?

a. La estrategia de compra de materias primas.

b. El transporte entre centros de distribución.

c. El flujo de productos desde el cliente hacia el proveedor.

d. La reducción de precios mediante subasta inversa.

5. ¿Qué provoca el efecto látigo (bullwhip effect)?

    a. Una demanda constante a lo largo de toda la cadena.

    b. Falta de mano de obra en los almacenes.

    c. Errores en la previsión que se amplifican en cada eslabón.

    d. Exceso de inventario en el punto de venta.

6. ¿Qué es un operador 3PL?

    a. Una empresa que diseña campañas publicitarias para logística.

    b. Un cliente que gestiona su propio inventario.

    c. Un proveedor externo que se encarga del transporte y almacenamiento.

    d. Un robot autónomo de selección de pedidos.

7. ¿Qué función cumple la blockchain en la cadena de suministro?

    a. Acelera las entregas en última milla.

    b. Permite predecir la demanda.

    c. Garantiza trazabilidad y seguridad en las transacciones.

    d. Sustituye a los transportistas humanos.

8. ¿Qué permite el Internet de las Cosas (IoT) en logística?

    a. Control de calidad manual.

    b. Publicidad automática en redes sociales.

    c. Monitorear objetos y procesos en tiempo real.

    d. Reducir el coste de los productos.

9. ¿Qué robot de Amazon se encarga de clasificar paquetes?

    a. Proteus.

    b. Alexa.

    c. Cardinal.

    d. Kiva.

10.¿Cuál es una ventaja directa de automatizar un centro logístico?

a. Se elimina todo el personal humano.

b. Se duplican los tiempos de entrega.

c. Se reducen costes y se mejoran los tiempos de procesamiento.

d. Se encarece el transporte terrestre.

Módulo 2. Gestión de la producción en una empresa

Introducción

La correcta gestión de los primeros eslabones de la cadena de suministro es un factor determinante para el éxito empresarial. Comprender cómo influyen las previsiones de demanda, las decisiones de aprovisionamiento, los sistemas de producción y la implantación de herramientas Lean permite a las empresas optimizar sus procesos, reducir costes y mejorar el servicio al cliente.

Objetivos

- Analizar los primeros eslabones de la cadena de suministro y su importancia en la gestión de la cadena completa.
- Identificación de los procesos de producción y herramientas de gestión en entornos industriales, en especial las herramientas Lean, su impacto en calidad, productividad y su eficiencia.

1. Análisis de la previsión de la demanda y sus efectos

Una correcta previsión de la demanda es fundamental para coordinar los primeros eslabones de la cadena de suministro. Si las empresas logran anticipar con precisión las necesidades del mercado, pueden ajustar su producción, compras e inventarios de forma óptima, evitando desequilibrios como excesos de stock o roturas de inventario, los cuales derivan en pérdidas económicas.

1.1. Identificación de la repercusión en toda la cadena que tiene hacer una correcta previsión de la demanda

Una buena planificación de la demanda impulsa la eficiencia de toda la cadena: permite optimizar la producción y la logística, mejorar el nivel de servicio al cliente y reducir desperdicios operativos. Por el contrario, una previsión inexacta puede desencadenar el *efecto látigo* en la cadena de suministro. Este fenómeno ocurre cuando pequeñas variaciones en los pedidos de un minorista provocan fluctuaciones cada vez mayores en la demanda de distribuidores, fabricantes o proveedores, debido a estimaciones imprecisas en cada nivel.

Fig. 1. El efecto látigo es una distorsión en la cadena de suministro donde pequeñas variaciones en la demanda del cliente generan fluctuaciones en los pedidos a lo largo de los eslabones anteriores

La falta de alineación en la predicción de demanda entre eslabones amplifica la variabilidad y conduce a sobreaprovisionamientos o desabastecimientos a lo largo de la cadena. Las empresas con pronósticos fiables suelen registrar mejoras significativas en rendimiento frente a aquellas que reaccionan tarde a la demanda, especialmente en entornos volátiles.

1.2. Exposición de las diferentes herramientas tradicionales de gestión de la demanda

Históricamente, las organizaciones han empleado métodos de pronóstico tradicionales para gestionar la demanda. Estas herramientas se dividen en enfoques cualitativos y cuantitativos.

Los métodos cualitativos se basan en el juicio experto y la información de mercado (por ejemplo, el método Delphi, encuestas a clientes o la opinión del equipo de ventas) para prever la demanda cuando no se dispone de suficientes datos históricos.

Por otro lado, los métodos cuantitativos aprovechan datos pasados para identificar patrones estadísticos: son comunes las técnicas de series temporales como el promedio móvil o la suavización exponencial para demandas estables, así como modelos más avanzados (ARIMA/SARIMA, descomposición de tendencia y estacionalidad) cuando existen tendencias o estacionalidades claras. Estas técnicas tradicionales suelen implementarse mediante hojas de cálculo o módulos de planificación en sistemas ERP. Asimismo, procesos integradores como el Sales & Operations Planning (S&OP) han sido herramientas de gestión clásicas: mediante reuniones periódicas, diferentes departamentos (ventas, producción, compras) consensuaban un plan de demanda y suministro.

Aerlindor S.L. es una empresa situada en Zaragoza que se especializa en sistemas de ventilación industrial de alto rendimiento. Su producto estrella son los ventiladores de gran formato para naves logísticas, muy demandados durante los meses de verano debido al aumento de temperaturas y a la necesidad de mejorar la eficiencia energética en grandes espacios industriales. Para evitar problemas de stock o sobreproducción, la empresa ha decidido mejorar su sistema de previsión de demanda utilizando métodos cuantitativos sencillos y procesos integradores de planificación.

El departamento de planificación de Aerlindor recopila los datos de ventas de los últimos 12 meses. Observan un patrón repetido: las ventas se incrementan notablemente entre mayo y agosto, lo que indica una clara estacionalidad estival.

- Enero → 90 unidades
- Febrero → 95
- Marzo → 100
- Abril → 130
- Mayo → 200
- Junio → 260
- Julio → 280
- Agosto → 250
- Septiembre → 190
- Octubre → 130
- Noviembre → 110
- Diciembre → 100

Para generar una estimación de la demanda futura, el equipo aplica un promedio móvil de tres meses, que permite suavizar las oscilaciones y captar la evolución reciente de las ventas. Por ejemplo, el promedio móvil de abril se calcula con los datos de enero, febrero y marzo; el de mayo se obtiene a partir de febrero, marzo y abril, y así sucesivamente. El proceso es el siguiente: Se introducen en una hoja de cálculo los datos de ventas mensuales del último año (por ejemplo, de enero a diciembre), en una columna ordenada cronológicamente.

Se decide usar un promedio móvil de 3 meses. Esto significa que cada nuevo valor de previsión se basará en el promedio de los tres meses anteriores. Este periodo es adecuado cuando se quiere captar la evolución reciente sin que los datos antiguos distorsionen demasiado la tendencia.

A partir del cuarto mes (abril), se comienza a calcular el promedio móvil. Por ejemplo:

- Promedio de abril = (ventas enero + ventas febrero + ventas marzo) ÷ 3
- Promedio de mayo = (ventas febrero + marzo + abril) ÷ 3

En Excel, la fórmula para abril (asumiendo que las celdas B2, B3 y B4 contienen enero, febrero y marzo) sería: =PROMEDIO(B2:B4)

Cada mes, el equipo introduce el nuevo dato de ventas y actualiza automáticamente el promedio de los meses siguientes. Esto permite mantener la previsión siempre ajustada a la evolución real del mercado.

	A	B	C
1	**Mes**	**Ventas reales**	**Promedio móvil 3 meses**
2	Enero	90	
3	Febrero	95	
4	Marzo	100	95
5	Abril	130	108,33
6	Mayo	200	143,33
7	Junio	260	196,67
8	Julio	280	246,67
9	Agosto	250	263,33
10	Septiembre	190	240
11	Octubre	130	190
12	Noviembre	110	143,33
13	Diciembre	100	113,33

Los valores del promedio móvil se comparan con la demanda real y se usan para tomar decisiones de producción, aprovisionamiento o personal. En el caso de Aerlindor, los picos identificados mediante los promedios móviles sirven para programar aumentos en la producción entre mayo y agosto.

Aunque estos enfoques han sido útiles como punto de partida, presentan limitaciones en entornos complejos, ya que dependen de datos históricos limitados y asumen que el futuro se parecerá al pasado. La entrada en juego de múltiples variables externas difíciles de prever (p.ej., cambios económicos súbitos, comportamiento del consumidor, competencia) dificulta la precisión de estos métodos tradicionales.

1.3. Análisis de nuevas formas de tratamiento de la información de la demanda a través de big data

En los últimos años, la gestión de la demanda ha evolucionado gracias al Big Data y la inteligencia artificial, que permiten analizar enormes volúmenes de datos en tiempo real para mejorar las previsiones.

Anotación

Big Data se refiere al conjunto de tecnologías, procesos y metodologías que permiten almacenar, gestionar y analizar grandes volúmenes de datos, que por su tamaño, velocidad y variedad no pueden ser tratados eficazmente con herramientas tradicionales.
La inteligencia artificial (IA) es la rama de la informática que diseña sistemas capaces de realizar tareas que normalmente requieren inteligencia humana, como aprender, razonar, resolver problemas, entender el lenguaje o tomar decisiones.

La analítica de datos masivos ha surgido como un medio para realizar predicciones mucho más precisas, reflejando mejor las necesidades reales de los clientes. A diferencia de las herramientas tradicionales, que se basan principalmente en datos internos históricos, los sistemas modernos de *demand sensing* integran diversas fuentes de información: historial de ventas, tendencias actuales, datos externos como clima, redes sociales, búsquedas en Internet e incluso señales en tiempo real de puntos de venta.

Fig. 2. Técnicas como la predicción con Big Data o la inteligencia artificial aplicada a la demanda logran cadenas más resilientes y proactivas ante los cambios de la demanda

Con Big Data Analytics y algoritmos de *machine learning*, es posible detectar patrones complejos y actualizar pronósticos de forma dinámica. Por ejemplo, hoy se analizan millones de transacciones y datos de comportamiento de clientes para ajustar la producción casi al instante, algo impensable con métodos manuales. Esto permite a las empresas alinear mejor la oferta con la demanda y reaccionar más ágilmente.

Un beneficio clave de estas nuevas formas de pronóstico es que eliminan la subjetividad e intuiciones personales en la toma de decisiones: las estrategias comerciales pasan a basarse en información objetiva y veraz procesada por algoritmos precisos, reduciendo sesgos humanos.

La siguiente tabla es un resumen comparativo entre los métodos tradicionales de previsión de la demanda y las nuevas formas de tratamiento basadas en Big Data e inteligencia artificial:

Aspecto analizado	Características del enfoque Big Data	Diferencias con el enfoque tradicional
Fuente de datos utilizada	Historial de ventas, clima, redes sociales, búsquedas, POS en tiempo real	Solo datos internos e históricos
Tecnologías implicadas	Big Data Analytics, Machine Learning, Inteligencia Artificial	Sistemas manuales, hojas de cálculo, menor capacidad de análisis
Ventajas frente a métodos tradicionales	Mayor precisión, detección de patrones complejos, actualización dinámica	Predicciones menos precisas, más lentas y basadas en intuición
Impacto en la gestión de la demanda	Alineación oferta-demanda, pronósticos objetivos y rápidos	Reacción tardía a cambios, exceso o falta de stock
Ejemplo de aplicación práctica	Ajuste de producción en tiempo real según transacciones y comportamiento del cliente	Decisiones basadas en estimaciones fijas y no adaptadas al entorno

- **Tienda online de ropa con almacén propio.** Cada vez que un cliente entra en la web, se registra su actividad: qué productos ve, cuánto tiempo pasa en cada sección, si añade prendas al carrito y si finalmente compra o no. Todos estos datos, junto con las devoluciones o cambios de talla, se almacenan y analizan en tiempo real. Si el sistema detecta que una camiseta se está agotando rápidamente en varias tallas, envía una alerta automática al equipo de producción y al almacén. Además, si en una determinada región se están vendiendo más chaquetas de cierto color, se ajusta la promoción para mostrar ese modelo más visible en esa zona, aumentando la conversión de visitas en ventas.

- **Cadena de restaurantes con pedidos online.** Cuando un cliente hace un pedido por la app, se guarda información como los ingredientes elegidos, el tiempo que tarda en pedir, la ubicación y si hay eventos especiales ese día (por ejemplo, un partido de fútbol). Si muchos clientes en una zona empiezan a pedir pizzas con ingredientes similares antes de un partido, el sistema lo aprende y recomienda automáticamente ese tipo de pizza a nuevos clientes. Además, el restaurante puede preparar más cantidad de esos ingredientes para esa franja horaria, evitar quedarse sin stock y reducir los tiempos de espera.

- **Farmacia con red de distribución propia.** La farmacia conecta su software de gestión con el historial de ventas y las recetas electrónicas recibidas. Mediante Big Data se identifica que, tras los cambios de estación, aumenta la demanda de antihistamínicos y cremas solares. También detecta que, en ciertas localidades rurales, determinados medicamentos para personas mayores tienen mayor rotación. Con esta información, la red de distribución envía productos según la demanda específica de cada farmacia, y se ajusta el reparto para optimizar costes. Incluso se puede anticipar la demanda semanas antes y negociar mejores condiciones con los proveedores.

2. Identificación de los procedimientos de compras de materias primas o de producto terminado, según sea el caso

Una de las decisiones estratégicas iniciales en gestión de la producción es definir si la empresa operará bajo un enfoque Make to Order (MTO) o Make to Stock (MTS), ya que dicha elección condiciona los procedimientos de compra y aprovisionamiento.

2.1. Elección de la estrategia Make to order (MTO) versus Make to stock (MTS)

En una estrategia MTS (fabricar para stock), la producción se basa en pronósticos: la empresa fabrica productos por adelantado, antes de recibir pedidos, apoyándose en la demanda estimada. Esto permite tener inventario disponible para entregas inmediatas al cliente, evitando pérdidas de ventas por falta de stock, a costa de asumir el riesgo de exceso de inventario si la demanda real es menor a la prevista.

Una ventaja del MTS es la posibilidad de planificar la producción con antelación, logrando tasas constantes de fabricación y economías de escala, lo que previene altibajos en la carga de trabajo. Sin embargo, la precisión de la previsión se vuelve crítica: pronósticos erróneos pueden generar sobrestock (con costos de almacenamiento elevados) o roturas de stock si la demanda supera lo previsto.

Por contraste, en una estrategia MTO (fabricar bajo pedido) el fabricante no inicia la producción hasta tener un pedido en firme del cliente. Es un sistema tirado por la demanda (*pull*), donde la producción se personaliza y lanza en función de órdenes reales, eliminando prácticamente el inventario de producto terminado. En MTO la empresa típicamente almacena únicamente materias primas o componentes estándar, y solo fabrica el producto final tras recibir las especificaciones del cliente. La gran ventaja del MTO es que minimiza el stock obsoleto y permite una mayor personalización del producto (muy útil para productos costosos, de baja rotación o hechos a medida). Su desventaja estriba en mayores tiempos de entrega al cliente (pues hay que producir bajo pedido) y en la necesidad de una producción muy ágil y flexible.

 **Anotación**

En la práctica, muchas industrias utilizan estrategias híbridas (*assemble to order*, etc.), pero comprender el contraste MTO vs MTS es clave: mientras MTS se orienta a disponibilidad inmediata (empujando producto al mercado) con riesgo de inventario excedente, MTO se orienta a la producción bajo demanda real, reduciendo stock, pero requiriendo tiempos de respuesta rápidos y coordinación estrecha con proveedores para disponer a tiempo de los insumos necesarios.

2.2. Exposición de las herramientas tradicionales de gestión de compras

Independientemente de la estrategia de producción, la función de compras dispone de herramientas tradicionales para asegurar el suministro de materias primas o productos con eficiencia. Entre las más difundidas está la planificación de requerimientos de material (MRP, *Material Requirements Planning*), un sistema computacional clásico que, a partir del plan de producción y las listas de materiales (BOM), calcula qué materiales se necesitan, en qué cantidad y cuándo deben ser aprovisionados.

Fig. 3. Las herramientas clásicas de compras siguen sirviendo de punto de partida sobre el cual introducir mejoras innovadoras

El MRP permite desglosar un plan maestro de producción en órdenes de compra programadas, manteniendo niveles adecuados de inventario de insumos y evitando faltantes en planta. Por ejemplo, en la fabricación de automóviles, un MRP controlará todos los componentes requeridos (motores, tornillos, neumáticos, etc.) para producir, digamos, 100 vehículos en una fecha dada, generando órdenes de compra con suficiente anticipación.

Otra herramienta fundamental es el modelo de lote económico de pedido (EOQ o modelo de Wilson), muy utilizado para determinar la cantidad óptima a comprar por pedido minimizando costes. El modelo de Wilson calcula de forma exacta el tamaño de lote que equilibra los costos de pedido, como, por ejemplo, costos administrativos por orden, con los costos de almacenamiento, indicando cada cuánto y en qué cantidad realizar los pedidos a un proveedor para reponer stock de manera eficiente. Aplicar este modelo ayuda a evitar tanto quiebras de stock como excedentes, reduciendo costos innecesarios por pedidos demasiado pequeños o demasiado grandes. No obstante, el EOQ clásico asume demanda y precios constantes, por lo que en entornos actuales con alta incertidumbre sus resultados deben ajustarse o complementarse con otras técnicas.

Además del MRP y EOQ, la gestión tradicional de compras se apoya en prácticas como el análisis ABC de inventarios (clasificar materiales por valor/rotación para enfocar esfuerzos), el punto de pedido (nivel de stock que dispara una reposición, muchas veces determinado vía EOQ), y acuerdos con proveedores como contratos a largo plazo para garantizar suministro a costo estable.

Vocabulario

- El **análisis ABC** es una técnica tradicional en la gestión de inventarios que clasifica los productos o materiales según su importancia económica y rotación dentro de una empresa. Normalmente, los productos se dividen en tres categorías: A, B y C. Los artículos tipo "A" representan un pequeño porcentaje del inventario, pero una gran proporción del valor económico total; requieren un control riguroso y monitoreo frecuente. Los artículos "B" tienen una importancia intermedia, mientras que los "C" constituyen la mayoría en cantidad, pero aportan poco valor global, por lo que se gestionan con menos recursos y atención.

- El **punto de pedido** es el nivel mínimo de inventario que, al ser alcanzado, genera automáticamente una orden de reposición. Este punto busca evitar roturas de stock y se calcula considerando factores como el tiempo de entrega del proveedor (lead time), la demanda prevista durante dicho periodo y, a menudo, el tamaño del lote óptimo previamente determinado mediante métodos como el EOQ (Cantidad Económica de Pedido). Al utilizar el punto de pedido, se asegura que siempre exista stock suficiente para atender la demanda sin incurrir en sobrecostes por exceso de inventario.

A continuación, se expone un caso práctico resuelto sobre las herramientas tradicionales de gestión de compras.

1. MRP – Planificación de requerimientos de materiales:

La empresa Aerlindor S.L. planea fabricar 10 ventiladores industriales dentro de 2 semanas.

Lista de materiales (BOM)	Inventario actual
• 1 motor por ventilador • 4 hélices por ventilador • 8 tornillos por ventilador	• Motores: 2 unidades • Hélices: 20 unidades • Tornillos: 50 unidades

Cálculo del MRP:

Necesidades brutas	Necesidades netas (lo que hay que pedir)
• Motores: 10 unidades • Hélices: 10 × 4 = 40 unidades • Tornillos: 10 × 8 = 80 unidades	• Motores: 10 – 2 = 8 unidades • Hélices: 40 – 20 = 20 unidades • Tornillos: 80 – 50 = 30 unidades

Resultado: El MRP generará órdenes de compra programadas para 8 motores, 20 hélices y 30 tornillos, con entrega prevista antes de dos semanas, en función de sus respectivos plazos de aprovisionamiento.

2. EOQ – Modelo de Lote Económico de Pedido (Wilson):

Fórmula:

$$EOQ = \sqrt{(2 \times D \times S / H)}$$

donde:

- D = demanda anual (unidades)
- S = coste por pedido (€)
- H = coste de almacenamiento por unidad y año (€)

Aerlindor necesita 1.200 motores al año para producción.

- Coste de realizar un pedido (S): 60 €
- Coste de almacenamiento por motor y año (H): 15 €

Aplicación del modelo:

EOQ = $\sqrt{(2 \times 1200 \times 60 / 15)}$ = $\sqrt{(144000 / 15)}$ = $\sqrt{9600}$ = 98 unidades (aproximadamente)

Resultado: La empresa debería hacer pedidos de 98 motores cada vez, en lugar de pedir grandes cantidades o pocas veces, para minimizar el coste total de inventario.

3. Análisis ABC de inventario:

Aerlindor revisa su inventario y encuentra:

- Motores: suponen el 70 % del valor del stock
- Hélices: 20 % del valor
- Tornillos: 10 % del valor

Resultado: Aplicando el análisis ABC, dedica mayor seguimiento y control a los motores (A), mientras que los tornillos (C) pueden gestionarse con controles más sencillos.

Punto de pedido:

- Aerlindor consume 10 motores por semana
- El proveedor tarda 2 semanas en entregar

Punto de pedido = consumo semanal × tiempo de entrega
→ 10 × 2 = 20 motores

Resultado: Cuando queden 20 motores en almacén, se lanza automáticamente un nuevo pedido para evitar rupturas.

Históricamente, también se ha recurrido a herramientas como la compra económica por volumen (aprovechar descuentos por cantidad) o el reaprovisionamiento periódico (pedidos en intervalos fijos de tiempo). Si bien estas herramientas han demostrado su eficacia, presentan limitaciones en entornos cambiantes.

Por ejemplo, el MRP tradicional responde lentamente a variaciones imprevistas de la demanda, y modelos como EOQ no contemplan fluctuaciones bruscas ni descuentos escalonados.

Por ello, las empresas complementan hoy estos métodos con enfoques más flexibles (p.ej., *Just in Time* y Kanban, que veremos más adelante, para aprovisionamiento sincronizado con producción).

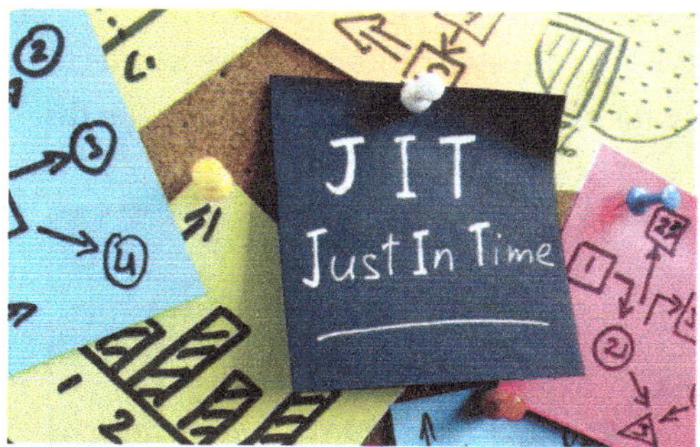

Fig. 4. El método Just in Time busca reducir inventarios produciendo y entregando exactamente lo necesario, en el momento preciso

2.3. La importancia de compras en una empresa bajo el enfoque financiero

El departamento de compras y aprovisionamientos desempeña un papel estratégico en la empresa, especialmente visto desde la óptica financiera. Su gestión impacta directamente en el coste de las mercancías vendidas, influyendo en la rentabilidad final del negocio. De hecho, en muchas industrias las compras representan una parte mayoritaria de los gastos: se estima típicamente que más del 50% de los ingresos de una empresa se destinan a compras de materiales y servicios necesarios para operar. Por tanto, cualquier ahorro logrado en compras –ya sea negociando mejores precios, optimizando cantidades o seleccionando proveedores eficientes– tiene un efecto multiplicador en las ganancias.

Una gestión de compras eficiente es considerada una de las ventajas competitivas más fuertes que una compañía puede desarrollar, pues contribuye simultáneamente a reducir costos y a garantizar la continuidad operativa.

Bajo este enfoque, el responsable de compras debe equilibrar tres dimensiones clave:

- **Precio**: adquirir al costo más competitivo sin sacrificar calidad (cada punto porcentual ahorrado va directo a mejorar el margen);
- **Calidad**: asegurar insumos que cumplan las especificaciones, evitando costes ocultos por defectos o reprocesos;
- **Plazo:** lograr que las entregas de proveedores se efectúen a tiempo, dado que un retraso puede paralizar la producción y afectar ventas.

Fig. 5. En los últimos años las organizaciones en España han profesionalizado esta función, viéndola como un área estratégica de sourcing que agrega valor económico

En términos financieros, el área de compras se relaciona también con el capital de trabajo: unas compras bien planificadas evitan tener dinero inmovilizado en exceso de inventario, liberando recursos para otras inversiones. Además, compras puede mejorar la liquidez negociando condiciones favorables (p.ej., plazos de pago más largos o *descuentos pronto pago* según convenga a la tesorería).

Un ejemplo del impacto financiero de compras se ve en la estabilidad de precios: si el departamento logra contratos a largo plazo o múltiples fuentes de suministro, puede estabilizar el costo de materias primas, aunque haya volatilidad en el mercado. Esto protege la empresa de variaciones bruscas que podrían erosionar sus márgenes. Igualmente, cumplir los plazos de entrega pactados con producción evita costes por interrupciones: recibir materiales tarde puede alargar los tiempos de fabricación, reducir stocks de producto terminado y en última instancia demorar entregas al cliente, con pérdidas potencialmente incalculables.

3. Reconocimiento de las estrategias de aprovisionamientos en una empresa y su integración en la cadena de suministro

El aprovisionamiento consiste en obtener y proveer a la organización los materiales necesarios (materias primas, componentes, mercancías) para sostener su actividad productiva o comercial. Una estrategia de aprovisionamiento verdaderamente eficaz debe estar integrada con los procesos productivos, actuando de forma sincronizada con la fabricación en lugar de operar de forma aislada.

3.1. Enfoque de la estrategia de aprovisionamientos integrado en los procesos productivos de una empresa

Tradicionalmente, uno de los problemas en las empresas ha sido la falta de coordinación entre departamentos: ventas, producción, compras y otras áreas persiguiendo objetivos propios sin una visión unificada de la cadena. Por ejemplo, el departamento de Ventas puede comprometer ciertos volúmenes para lograr sus metas sin consultar la capacidad de Producción; Producción a su vez planifica sin tener visibilidad completa de los tiempos de abastecimiento de Compras o de las labores de Mantenimiento, lo cual genera fricciones. Esta desconexión solía "resolverse" con reuniones extensas, hojas de cálculo y ajustes manuales, métodos poco eficientes en entornos complejos.

La integración del aprovisionamiento implica cambiar ese paradigma: compras y producción trabajan de la mano, compartiendo información en tiempo real sobre previsiones, niveles de stock y requerimientos. En la práctica, esto se traduce en implementar sistemas y procedimientos donde el suministro de materiales "fluye" al ritmo que marca el plan de producción.

Recuerda

El sistema Just in Time (JIT) aplicado a las compras es una estrategia de gestión del aprovisionamiento que busca eliminar o reducir al mínimo el inventario intermedio. Los materiales llegan exactamente cuando se necesitan para el proceso productivo, evitando así costes asociados al almacenamiento, obsolescencia y manipulación innecesaria. Este enfoque exige una precisión absoluta en los tiempos de entrega y requiere una coordinación estrecha con los proveedores, quienes deben entregar componentes o materias primas con puntualidad y en las cantidades exactas demandadas por la producción.

Un enfoque integrado emblemático es el Just in Time (JIT) en compras, originado en el sistema Toyota: bajo JIT, los materiales llegan a la fábrica *justo a tiempo* para ser utilizados, evitando almacenamientos prolongados. Para lograrlo, la empresa establece colaboraciones estrechas con proveedores, sincroniza calendarios de entrega con su programación de planta e incluso comparte pronósticos y planes de producción con ellos.

El aprovisionamiento pasa de ser una actividad reactiva a formar parte del *pipeline* productivo: proveedores, compras y producción actúan casi como un sistema único. Un ejemplo claro se ve en el sector automotor en España, donde muchas plantas (p.ej. SEAT en Martorell, Nissan, PSA) integran a sus proveedores en *parkings* industriales próximos o utilizan secuenciación JIT: los asientos, tableros u otras piezas llegan en la secuencia exacta de montaje minutos antes de ser montados en el vehículo. Esta integración reduce al mínimo los inventarios intermedios y asegura que producción nunca se detenga por falta de material. Por supuesto, requiere confiabilidad y comunicación: compras debe asegurar proveedores fiables, con entregas puntuales y de calidad constante, y producción debe dar visibilidad temprana de sus necesidades.

Anotación

La secuenciación Just in Time implica que los proveedores entreguen los componentes en el orden exacto en que serán utilizados durante el montaje o fabricación. En lugar de recibir grandes lotes de piezas variadas, la empresa recibe las piezas ordenadas según el calendario específico de producción. Por ejemplo, en la industria automotriz, elementos como asientos, salpicaderos o puertas llegan en la secuencia precisa y temporalmente ajustada a la línea de montaje, facilitando el flujo continuo y evitando paradas por falta de componentes.

Tecnologías actuales facilitan esta integración mediante sistemas SCM colaborativos, EDI, portales de proveedores, etc., donde los *partners* pueden ver niveles de stock, consumo diario y próximos requerimientos, alineando sus procesos. En síntesis, integrar la estrategia de aprovisionamiento con producción significa que *lo que ocurre en fábrica dicta lo que ocurre en compras*: el flujo de materiales se ajusta dinámicamente al programa productivo. Esto aumenta la flexibilidad y reduce tanto la acumulación de inventario innecesario como el riesgo de interrupciones por desabastecimiento.

Vocabulario

- El **Supply Chain Management colaborativo** hace referencia a sistemas informáticos y metodologías que permiten compartir información clave entre diferentes actores involucrados en la cadena de suministro, incluyendo proveedores, fabricantes y distribuidores. Este enfoque integrado facilita la visualización en tiempo real de los niveles de stock, tasas de consumo y previsiones de demanda, permitiendo ajustar automáticamente el flujo de materiales y evitar problemas de abastecimiento o sobrestock. Las tecnologías de SCM colaborativo mejoran considerablemente la planificación y la coordinación entre socios estratégicos, fortaleciendo las relaciones comerciales.

- **EDI, o intercambio electrónico de datos**, es una tecnología que permite transferir documentos comerciales estandarizados de forma digital entre diferentes organizaciones sin intervención manual. En la gestión de aprovisionamiento, EDI es fundamental para compartir automáticamente información como pedidos, facturas, albaranes y confirmaciones de entrega, eliminando errores y acelerando los procesos logísticos. Su uso incrementa notablemente la eficiencia operativa, especialmente en sistemas JIT, donde la precisión y rapidez en la comunicación son indispensables para mantener el flujo productivo constante.

SCM colaborativos (Supply Chain Management). Estas plataformas permiten la planificación compartida, visibilidad de inventario, coordinación logística y sincronización de la cadena de suministro.

- SAP Integrated Business Planning (SAP IBP)
- Oracle SCM Cloud
- Infor Supply Chain
- Blue Yonder (antes JDA Software)
- Kinaxis RapidResponse

EDI (Electronic Data Interchange). Soluciones que automatizan el intercambio de documentos comerciales entre empresas (pedidos, albaranes, facturas...).

- EDICOM (muy usada en España, especialmente en gran distribución y alimentación)
- Sage EDI
- OpenText EDI
- IBM Sterling EDI
- TIE Kinetix

Portales de proveedores. Son entornos online donde los proveedores pueden consultar pedidos, confirmar entregas, subir facturas o ver inventario proyectado.

- Ariba Network (de SAP)
- Coupa Supplier Portal
- Jaggaer Supplier Portal
- Infor Supplier Exchange
- Oracle Supplier Portal

3.2. Exposición del rol de los aprovisionamientos en los indicadores de gestión de la producción

El desempeño del área de aprovisionamientos repercute directamente en los indicadores clave de la producción. Por un lado, un aprovisionamiento eficiente contribuye a maximizar la disponibilidad de materiales en línea de producción, lo que se refleja en indicadores como el OEE (Efectividad Global de Equipos) o la utilización de planta.

Si compras entrega a tiempo todos los insumos, la producción puede operar sin paros por falta de piezas, elevando su disponibilidad. Por el contrario, retrasos o fallos de suministro impactan de inmediato en la productividad: máquinas paradas esperando materiales reducen el OEE y el rendimiento global.

Un indicador típico afectado es el cumplimiento del plan de producción (o *service level* interno) – porcentaje de órdenes fabricadas según lo programado. Aprovisionamientos deficientes bajan este indicador, pues obligan a reprogramaciones o tiempos muertos. Otro KPI vinculado es el nivel de inventario: compras debe equilibrar no generar inventarios excesivos (lo que afecta la rotación de inventario y aumenta costos financieros) con garantizar suficiente stock de seguridad.

Fig. 6. Un aprovisionamiento bien afinado mejorará la rotación de materias primas, minimizando días de inventario sin incurrir en quiebres

El área de compras influye en la calidad de producción a través de la calidad de los insumos recibidos: materiales defectuosos provocarán reprocesos o rechazos en fábrica, empeorando indicadores de calidad (porcentaje de rechazo, PPM de defectos) y la eficiencia. Por eso, compras y calidad suelen trabajar juntos para evaluar y homologar proveedores. Quizás el indicador más visible es el OTD (On Time Delivery) hacia el cliente final: si los aprovisionamientos fallan y la producción no puede fabricar a tiempo lo planificado, las entregas al cliente se atrasarán.

El OTD (On Time Delivery) es un indicador que mide el porcentaje de entregas realizadas a tiempo según la fecha comprometida con el cliente.

El cálculo del OTD es muy sencillo.

La fórmula es la siguiente:
OTD (%)=(Total de entregas realizadas / Número de entregas a tiempo)×100

Por ejemplo: Una empresa realizó 120 entregas durante el mes. De ellas, 96 fueron entregadas en la fecha acordada con el cliente.

OTD= (96/120)×100=80%

¿Qué se considera "entrega a tiempo"? Una entrega se considera "a tiempo" si se realiza en la fecha pactada o dentro del margen de tolerancia acordado con el cliente (por ejemplo, ±1 día, si está estipulado en el contrato o SLA).

En cadena de suministro, una entrega tardía de un proveedor se convierte en una entrega tardía al cliente final. Un caso ilustrativo: si un proveedor no entrega una pieza crítica en la fecha acordada, la línea de producción sufre un paro; esto reduce el volumen producido esa semana, generando retrasos en los envíos a distribución. Los costes asociados pueden ser muy altos – horas extras para recuperar producción, penalizaciones por retrasos al cliente, pérdida de ventas, etc. De hecho, recibir las compras fuera de plazo genera pérdidas incalculables, ya que alarga los tiempos de producción, agota el stock de seguridad y dificulta cumplir los plazos de entrega al mercado.

En sentido inverso, un aprovisionamiento excelente se ve reflejado en indicadores de producción robustos: cumplimiento del 100% del programa, cero paros por materiales, inventarios ajustados al mínimo necesario, y altos índices de satisfacción de clientes (por entregas completas y a tiempo). Por ello, en la gestión moderna se monitoriza estrechamente el desempeño de proveedores con métricas como *OTIF* (On Time In Full) de proveedores, lead time de aprovisionamiento, % de entregas con calidad aceptable, etc., ya que son indicadores adelantados de la salud de la producción.

Una empresa logística entregó 100 pedidos durante el mes de junio.

Para que un pedido se considere OTIF cumplido, debe cumplir dos condiciones:

1. Entregarse en la fecha pactada (On Time)
2. Con todas las unidades solicitadas (In Full), sin faltantes ni sobrantes.

De los 100 pedidos:

- 90 llegaron a tiempo.
- 80 fueron entregados con todas las unidades completas.
- Solo 75 pedidos cumplieron ambas condiciones (es decir, en tiempo y completos).

OTIF (%)=(Pedidos entregados en tiempo y completos / Total de pedidos) ×100
OTIF (%)=(75 /100) ×100=75%

Un OTIF del 75 % indica que solo 3 de cada 4 pedidos se entregaron en la fecha correcta y con todas las unidades esperadas, lo cual señala oportunidades claras de mejora en logística, planificación o abastecimiento.

3.3. Análisis de los diferentes tipos de aprovisionamiento según sean materia prima o producto acabado

Las estrategias de aprovisionamiento pueden variar según se trate de materias primas para producción o de productos terminados para reventa, pues las necesidades y flujos logísticos son distintos.

Fig. 7. Los productos terminados destinados a la reventa no necesitan pasar por procesos de transformación antes de llegar al cliente final

En una empresa industrial o fabricante, el ciclo de aprovisionamiento conecta el almacén de materias primas con el centro de producción: se compran y almacenan insumos (por ejemplo, bobinas de acero, químicos, componentes electrónicos) que luego se transformarán en productos finales en la planta. Aquí el aprovisionamiento implica gestionar proveedores de materias primas, plazos de entrega muchas veces largos (importaciones, fabricación a pedido del proveedor) y considerar especificaciones técnicas estrictas. Los materiales se ingresan a almacén y se liberan a las líneas de producción según el programa de fabricación, por lo que es vital alinear los tiempos de entrega de compras con el plan productivo. Tras la fabricación, el producto acabado se almacena a la espera de su expedición o distribución.

En cambio, en una empresa comercial o distribuidora, que vende productos terminados sin transformarlos (por ejemplo, un *retail*, un mayorista, o una empresa de comercio), el ciclo de aprovisionamiento es más simple: la empresa compra mercancía ya lista al proveedor/fabricante y la almacena hasta su venta o envío al cliente. No hay proceso de producción intermedio; la clave aquí es prever adecuadamente la demanda de cada producto terminado y gestionarlo como inventario comercial. En este caso, las compras se asemejan mucho a la gestión de la demanda: pedir el producto correcto, en cantidad y tiempo adecuados, para tener disponibilidad sin generar sobrestock.

Ejemplo

Por ejemplo, un distribuidor farmacéutico aprovisiona medicamentos ya terminados desde los laboratorios productores y los almacena en sus centros logísticos antes de surtir a farmacias.

Los riesgos y prioridades difieren en ambos escenarios: con materias primas, el foco está en la calidad consistente de insumos, el just in time para no frenar la fábrica, y gestionar posibles variaciones en la calidad o especificación que afecten el proceso (un acero fuera de especificación puede inutilizarse, etc.). Además, suele haber mayor número de ítems (una fábrica automotriz puede manejar miles de partes distintas) que en la venta de producto final.

Con productos terminados, el énfasis está en la obsolescencia y rotación: comprar demasiado de un producto que no se venda implica stock muerto; también en negociar con proveedores (fabricantes) condiciones de devolución o reposición por vencimiento en sectores como alimentación. En aprovisionamiento de materias primas, la relación tiende a ser más colaborativa técnico-calidad (se involucra al proveedor en mejoras de proceso, certificaciones), mientras que en productos acabados la relación es más comercial (acuerdos de exclusividad, márgenes, marketing conjunto).

Saber más

Un aspecto adicional es que el tipo de aprovisionamiento condiciona el almacén: en materias primas se requieren almacenes cercanos a producción, con sistemas FIFO si aplica (por caducidad), con control de lotes para trazabilidad, etc. En producto terminado, los almacenes suelen estar orientados a preparación de pedidos, *cross-docking*, gestión por SKU de producto vendible.

4. Análisis de un sistema productivo en el entorno de la gestión de operaciones de una empresa

Un sistema productivo eficiente depende en gran medida de la correcta integración entre las áreas de planificación de la demanda, aprovisionamiento de materiales y la propia producción. Estas funciones no pueden operar en silos separados; por el contrario, requieren una coordinación continua para que los planes se cumplan sin sobresaltos.

4.1. Importancia de la correcta integración entre previsiones, aprovisionamientos y producción

El punto de partida es la previsión de la demanda, cuyo resultado (volúmenes a producir por producto y período) debe traducirse en un plan de producción realista y en planes de aprovisionamiento sincronizados. Si las previsiones son erróneas o no se comunican adecuadamente, la producción fabricará las cantidades equivocadas o en el momento inoportuno, generando bien sobrestock o bien desabastecimiento. Por ello, muchas empresas industriales implementan procesos formales de Planificación de Ventas y Operaciones (S&OP), donde mensualmente se alinean todos los departamentos en un plan único: a partir de la demanda prevista (Ventas/Marketing) se determina un plan maestro de producción (Operaciones) y se calculan los requerimientos de materiales (Compras) y recursos (RRHH, maquinaria). Esta sincronización garantiza que compras se anticipe a conseguir los insumos que producción necesitará para cumplir con la demanda esperada. Asimismo, la producción debe retroalimentar a planificación cuando existan restricciones de capacidad (por ejemplo, si la demanda prevista supera lo que la fábrica puede producir en un turno, habrá que ajustar la previsión o subcontratar producción adicional).

Fig. 8. Un sistema productivo excelente es aquel en que cada eslabón entiende las necesidades del siguiente

Un elemento imprescindible es la información en tiempo real: hoy día, sistemas *MRP II/ERP* y plataformas colaborativas permiten que una variación en la demanda (un pedido grande inesperado, por ejemplo) dispare automáticamente la actualización del plan de aprovisionamiento y producción, manteniendo la coherencia. La importancia de esta integración se aprecia en los resultados operativos: cuando previsión, compras y fabricación trabajan en conjunto, la empresa logra menores tiempos de ciclo, menos inventario ocioso y mayor capacidad de respuesta al cliente.

Por el contrario, si cada área opera aisladamente (por ejemplo, ventas promete plazos que producción no puede cumplir, o producción se entera tarde de que no llegarán ciertos materiales) el sistema se resiente con atrasos, ineficiencias y costos extra.

Un caso ilustrativo de buena integración lo proporciona la industria textil de moda rápida en España: empresas como Inditex han integrado estrechamente la lectura de la demanda (ventas en tiendas) con su cadena productiva y de aprovisionamiento, de modo que ajustes en las tendencias de venta desencadenan órdenes de producción y reposición de materias casi en tiempo real. Esta integración les permite responder en semanas a cambios que otras compañías tardarían meses en gestionar.

4.2. Influencia de los departamentos auxiliares (mantenimiento, calidad, entre otros) en el correcto desempeño de las funciones de producción

El rendimiento óptimo de la función de producción no solo depende de materiales y mano de obra directa; departamentos auxiliares como Mantenimiento, Calidad, Ingeniería de procesos, Logística interna o I+D, tienen una influencia decisiva en el desempeño productivo.

- **Mantenimiento:** Un buen mantenimiento industrial garantiza que las máquinas y equipos estén siempre disponibles cuando se necesitan, evitando paradas no planificadas que interrumpan la producción. Su objetivo es minimizar averías y tiempos muertos, lo que impacta directamente en la productividad y en la capacidad de cumplir los planes.

Por ejemplo, mediante mantenimiento preventivo y predictivo (monitoreo de condiciones, revisiones periódicas) se reducen las fallas sorpresivas; esto aumenta el porcentaje de tiempo que las líneas están operativas (disponibilidad), componente clave del OEE.

Además, un mantenimiento eficaz prolonga la vida útil de los activos y mantiene la seguridad en la planta, previniendo accidentes laborales que podrían detener operaciones. También influye en la calidad: equipos bien calibrados y en buen estado producen menos defectos. En sistemas Lean, se utiliza el TPM (Total Productive Maintenance), que integra al personal de producción en tareas básicas de mantenimiento (limpieza, inspección) para lograr *cero averías*; esta herramienta, apoyada en metodologías 5S, busca eliminar pérdidas de tiempo por paradas y alcanzar índices de utilización elevados.

- **Calidad:** El departamento de aseguramiento de la calidad vela porque los productos producidos cumplan con las especificaciones y estándares requeridos antes de llegar al cliente. Su impacto en producción es doble. Primero, previene defectos implementando controles en proceso, formación al personal y mejora continua, de modo que desde la primera pieza se produzca conforme a lo esperado. Segundo, detecta a tiempo no conformidades para evitar que lotes defectuosos avancen en la cadena (lo que sería más costoso corregir luego).

Por ejemplo, si Calidad identifica variaciones en una materia prima, puede trabajar con el proveedor (junto con Compras) para corregirlas, evitando problemas en línea.

Además, la calidad en la producción impacta la satisfacción del cliente: productos sin fallos generan menos incidencias de servicio y reclamos posteriores. Empresas competitivas certifican sus sistemas (ISO 9001, etc.) para asegurar que la calidad está integrada en todos los procesos. En España, muchas plantas han implementado círculos de calidad y técnicas *Six Sigma* para reducir variabilidad, lo que se refleja en indicadores como la tasa de defectos PPM o los costos de no calidad (que disminuyen notablemente).

Fig. 9. Calidad garantiza hacer las cosas bien a la primera, habilitando a producción a fluir sin interrupciones por reprocesos

- **Otros departamentos auxiliares:** La logística interna/Almacén juega un rol vital asegurando que los materiales y piezas estén en el lugar correcto de la línea en el momento oportuno.

Una logística ineficiente dentro de la planta (por ejemplo, mal abastecimiento a línea, desorden en almacenes) genera esperas y paradas, afectando la producción. Por eso se aplican técnicas Lean como *milk runs* internos o supermercados de piezas cercanos a las líneas para agilizar el flujo de materiales.

Saber más

Milk runs es un sistema de recogida y entrega de materiales en rutas fijas y regulares, que optimiza el transporte y reduce inventarios. Por ejemplo; un proveedor recoge materiales de tres fábricas pequeñas en una sola ruta cada mañana y los entrega juntos a una planta principal, en lugar de hacer tres envíos separados.

La ingeniería de procesos (o métodos y tiempos) influye optimizando cómo se realiza el trabajo: estableciendo el diseño de línea, equilibrado de cargas, ergonomía, etc., todo lo cual afecta la productividad por hora y la seguridad.

Sistemas informáticos/IT mantienen operativos los sistemas de control de producción y automatización; una falla de software puede detener hoy una línea automatizada, por lo que IT es crítico para confiabilidad operativa. Recursos Humanos incide asegurando personal capacitado y motivado: por ejemplo, un programa de polivalencia (*multiskill*) permite cubrir ausencias o picos de trabajo sin perder ritmo. Esta técnica de gestión del talento consiste en consiste en formar a los trabajadores para que puedan desempeñar varias tareas o puestos dentro de la empresa.

Fig. 10. Muchas empresas usan indicadores transversales y fomentan equipos interdepartamentales para la mejora continua

4.3. Aportaciones del sistema productivo en la resolución de incidencias de servicio en eslabones posteriores de la cadena de suministro

Un sistema productivo bien gestionado no solo es eficiente puertas adentro, sino que aporta resiliencia y capacidad de respuesta ante incidencias en eslabones posteriores de la cadena de suministro, como la distribución o el servicio al cliente.

En otras palabras, la fortaleza y flexibilidad de la producción pueden ser la clave para mitigar problemas río abajo. Consideremos una situación de pico inesperado de demanda en el mercado (una campaña promocional exitosa que duplica pedidos en poco tiempo). Una empresa con un sistema productivo ágil podrá incrementar rápidamente su fabricación (añadiendo turnos extra, reduciendo tiempos muertos, ajustando la secuencia) para satisfacer esa demanda adicional, evitando quiebres de stock en almacenes y manteniendo un alto nivel de servicio al cliente final. Esta capacidad de reacción rápida es una aportación directa de la producción a la cadena: actúa como "pulmón" para absorber variaciones sin que el cliente lo perciba.

Un caso concreto es el de Inditex, cuyo sistema productivo flexible y de proximidad le permite diseñar, producir y distribuir nuevos diseños en cuestión de semanas. Si una prenda se convierte en un éxito de ventas inesperado, la producción de Inditex puede reprogramarse inmediatamente y reponer tiendas en días, corrigiendo posibles faltantes y evitando perder ventas – algo que en un sistema tradicional tardío hubiera significado estantes vacíos durante meses.

Otro tipo de incidencia es la falla de un proveedor o escasez de materia prima en el mercado. Un sistema productivo robusto trabajará conjuntamente con compras para reconfigurar la producción: quizá adelantando la fabricación de otros productos que no dependan del insumo escaso, reutilizando materiales alternativos si es posible, o ajustando el mix de producción para seguir atendiendo la demanda crítica. La coordinación producción-compras aquí es vital para que la cadena en su conjunto no se rompa; producción puede contribuir con flexibilidad en secuencias y lotes mientras compras resuelve el suministro.

Asimismo, problemas logísticos (ejemplos: retraso en transporte a un centro de distribución, o avería en almacén automatizado) muchas veces se pueden mitigar desde producción.

Por ejemplo, si un centro logístico regional está incapacitado temporalmente, la fábrica podría redirigir envíos a otros centros o acumular stock de emergencia en planta para sostener entregas directas a clientes.

La producción, al ser el origen del flujo de productos, puede reorganizar su output (priorizando productos clave, adaptando embalajes, etc.) para sortear temporalmente cuellos de botella logísticos posteriores. También en casos de incidencias de calidad en campo (*recalls*, devoluciones), el sistema productivo aporta la solución: identificando rápidamente la causa raíz en el proceso y corrigiéndola, y a la vez acelerando la fabricación de unidades de reemplazo o de refacción para atender a los clientes afectados.

Por ejemplo, si en el sector automoción se detecta un lote defectuoso de una pieza ya entregada a concesionarios, la planta reorganiza inmediatamente su producción para fabricar piezas de repuesto y enviarlas con urgencia, minimizando el impacto al cliente final.

Cabe destacar que muchas empresas han adoptado filosofías Lean que enfatizan la capacidad de reacción y mejora continua. Esto significa que el personal de producción está empoderado para resolver problemas en tiempo real (por ejemplo, usando sistemas *andon* de alarma ante cualquier desviación y deteniendo la línea antes de generar más incidencias).

Fig. 11. La cultura de respuesta inmediata ataja problemas locales antes de que se conviertan en incidencias mayores en etapas posteriores

5. Identificación de las claves de generación de valor mediante la innovación tecnológica y la implantación de herramientas Lean:

La innovación en producción y logística no surge de la nada: típicamente parte de métodos de gestión tradicionales que sirven de base para identificar oportunidades de mejora.

5.1. Exposición de los métodos tradicionales de gestión como punto de partida para la innovación

En muchas organizaciones industriales españolas, el camino hacia la digitalización y la filosofía Lean comenzó evaluando los procesos existentes y sus limitaciones. Por ejemplo, prácticas clásicas como las comentadas (MRP, control de inventarios por lote económico, sistemas *push* de producción) han funcionado durante décadas, pero muestran puntos débiles (rigidez ante cambios, supuestos simplificadores). Es precisamente a partir de estas limitaciones de los métodos tradicionales que se impulsa la innovación.

Un claro caso es el salto de sistemas *push* a sistemas *pull*: tradicionalmente las fábricas europeas planificaban la producción para stock (empujando producto al mercado), mientras que la innovación vino con el modelo japonés *pull* (producir bajo demanda real).

Implementar correctamente un sistema *pull* exigió desarrollar un sistema de producción mucho más flexible y de alta capacidad de reacción, capaz de fabricar casi a diario todos los modelos necesarios y adaptarse rápidamente a lo que pida el mercado. Para lograrlo, se tuvieron que innovar procesos y herramientas, desde reorganizar plantas hasta introducir nuevas tecnologías de información que vinculasen ventas con fabricación en tiempo real.

Durante años el cálculo de lote óptimo (EOQ) ayudó a las empresas a reducir costos de inventario. Sin embargo, Toyota descubrió que podía eliminar gran parte de esos inventarios implementando técnicas JIT y Kanban, sustituyendo las fórmulas estáticas por un flujo sincronizado continuo. Esta innovación (Kanban) no habría sido posible sin primero entender el punto de partida (el modelo de Wilson) y luego mejorarlo radicalmente con un nuevo enfoque.

En general, las herramientas Lean y tecnologías emergentes se apoyan en procesos preexistentes: la regla es "estabilizar y estandarizar primero, luego mejorar". Por ejemplo, antes de automatizar un proceso caótico, las empresas suelen aplicar 5S y estandarización para ordenarlo; solo entonces se introduce un robot o un sistema avanzado.

Así, los métodos tradicionales actúan como *trampolín*: aportan un entendimiento profundo del proceso y sus parámetros, sobre los cuales la tecnología puede intervenir para eliminar restricciones.

Fig. 12. La innovación tecnológica y de gestión toma como punto de partida la situación actual, con sus procesos heredados, y construye sobre ella

En España, muchas pymes industriales han seguido este camino: iniciaron programas de mejora continua (Kaizen, círculos de calidad) con métodos manuales y papel, y una vez lograron procesos más fiables, incorporaron innovación tecnológica (sensores IoT, software MES, automatización) para alcanzar niveles superiores de eficiencia.

Vocabulario

Kaizen significa cambio a mejor o mejora continua en japonés. Es una filosofía de trabajo que promueve la mejora constante de procesos, productos y métodos mediante pequeños cambios diarios, impulsados sobre todo por el propio personal operativo.

Funciona del siguiente modo:

1. Los trabajadores observan su entorno de trabajo.

2. Identifican ineficiencias (tiempos muertos, movimientos innecesarios, esperas...).
3. Proponen soluciones simples que pueden aplicarse rápidamente.
4. Se prueban, miden y, si funcionan, se integran de forma definitiva.

Por su parte, los círculos de calidad son grupos pequeños de empleados de un mismo área que se reúnen periódicamente (voluntariamente o por programa interno) para identificar problemas, analizarlos y proponer mejoras concretas. Funciona del siguiente modo:

1. Se reúnen de forma regular (semanal o quincenal).
2. Analizan datos de su área (errores, fallos, incidencias...).
3. Utilizan herramientas sencillas como diagramas de causa-efecto, Pareto, lluvia de ideas, etc.
4. Proponen acciones de mejora realistas.
5. Presentan sus propuestas a responsables para validación y aplicación.

5.2. Análisis de diferentes herramientas de automatización y digitalización y estudio de casos de éxito en diferentes implantaciones

La tecnología y la automatización son hoy aliados esenciales para generar valor añadido en la producción y la logística. Numerosas herramientas actuales –desde robots colaborativos hasta sistemas avanzados de analítica– permiten mejorar radicalmente la productividad, la calidad y la capacidad de respuesta.

En el ámbito de la producción, la introducción de robótica avanzada es uno de los cambios más visibles. Por ejemplo, muchas plantas industriales españolas han incorporado *cobots* (robots colaborativos) en sus líneas de montaje que trabajan mano a mano con los operarios.

Un caso concreto es la fábrica de SEAT en Martorell, pionera en España en el uso de robots móviles autónomos EffiBOT para logística interna. Estos robots siguen automáticamente a los trabajadores, transportando piezas pesadas por la planta, lo que ha aligerado la carga física del personal y optimizado el flujo de materiales. Según SEAT, la incorporación de estos robots colaborativos impulsa su estrategia de Industria 4.0 y les permite ser más eficientes, flexibles, ágiles y competitivos, demostrando cómo la robótica puede facilitar el trabajo humano y situar a la empresa a la vanguardia del sector.

En logística y almacenes, las tecnologías de automatización incluyen sistemas de almacenaje automáticos (*miniloads*, transelevadores), clasificaciones automáticas de pedidos, y uso de drones para inventarios. Empresas de distribución españolas como Mercadona o Inditex han implementado centros logísticos altamente automatizados donde gran parte del movimiento de mercancías es realizado por máquinas, logrando manejar mayores volúmenes con menos errores.

A nivel de digitalización y software, destacan los sistemas MES/MOM (Manufacturing Execution Systems) que monitorean la producción en tiempo real, recogiendo datos de máquinas mediante IoT. Estos sistemas proveen *dashboards* con indicadores instantáneos de rendimiento, alertas de desviaciones y trazabilidad completa del proceso, permitiendo a los gestores tomar decisiones informadas al momento.

Fig. 13. La clave es una implementación inteligente, la tecnología debe implantarse donde agregue valor claro y acompañarse de la capacitación del personal

Asimismo, la aplicación de Big Data e **IA** ha dado lugar a mantenimiento predictivo (anticipando fallos antes de que ocurran mediante análisis de vibraciones, temperatura, etc.), control de calidad con visión artificial (cámaras inteligentes detectando defectos en línea a velocidades imposibles para el ojo humano) y optimización de flujos mediante algoritmos (por ejemplo, algoritmos que ajustan secuencias de producción para minimizar cambios de máquina, reduciendo tiempos ociosos).

 **Saber más**

En cuanto a casos de éxito sectoriales, podemos mencionar la industria alimentaria en España: empresas como Mahou-San Miguel o Nestlé España han incorporado sensórica IoT en sus líneas de envasado junto con algoritmos de control estadístico en la nube, logrando reducir desperdicios de materia prima y mejorando la consistencia del producto final. En el sector metalúrgico, firmas han utilizado impresión 3D (fabricación aditiva) para producir utillajes y repuestos en sus propias plantas, reduciendo drásticamente los tiempos de parada cuando alguna pieza de maquinaria se daña (ya que pueden "imprimir" la pieza in situ en horas en vez de esperar días por una nueva).

5.3. Enfoque de las herramientas Lean como mejora de productividad y eficiencia de los procesos

Junto a la tecnología, una fuente fundamental de creación de valor es la adopción de herramientas Lean y la filosofía de mejora continua, que buscan elevar la productividad y la eficiencia eliminando despilfarros (muda) en los procesos.

El **Lean Manufacturing o Manufactura Esbelta** es una metodología de gestión productiva originada en el sistema Toyota que busca aumentar la productividad y la eficiencia eliminando sistemáticamente los desperdicios (en japonés, muda), es decir, cualquier actividad o recurso que consume tiempo, esfuerzo o materiales sin aportar valor al cliente final. El enfoque central es hacer más con menos: menos tiempo de producción, menos inventario almacenado, menos movimientos innecesarios y menos defectos en productos terminados. Al reducir estos desperdicios, Lean permite obtener procesos más ágiles, costes operativos más bajos, y una mejora generalizada en la calidad del producto final.

Muda es el término japonés utilizado en Lean Manufacturing para referirse a cualquier tipo de desperdicio o despilfarro presente en los procesos productivos o logísticos. Esto incluye tiempos de espera, inventarios excesivos, transporte innecesario, movimientos superfluos del personal, sobreprocesamiento, defectos o errores, y producción en exceso respecto a la demanda real. El objetivo del enfoque Lean es identificar y eliminar continuamente estos tipos de desperdicio para aumentar la eficiencia y optimizar el valor que recibe el cliente final.

El Lean Manufacturing (Manufactura Esbelta) se centra en producir más con menos: menos tiempo, menos inventario, menos movimientos, menos defectos. Implementar Lean típicamente aumenta la productividad de las operaciones al reducir actividades que no agregan valor y optimizar el flujo de trabajo. Por ejemplo, mediante una técnica Lean como el mapeo de la cadena de valor (VSM) se analizan todas las etapas de un proceso e identificación tiempos muertos, retrabajos o exceso de stock entre etapas; eliminando o reduciendo estos desperdicios, el proceso fluye más rápido y con menos coste.

El VSM, o Value Stream Mapping, es una herramienta Lean utilizada para analizar y visualizar detalladamente cada etapa de un proceso productivo o logístico, desde el origen de las materias primas hasta la entrega al cliente. Consiste en crear un mapa visual del flujo actual, identificando claramente los tiempos de procesamiento, tiempos muertos, esperas, retrabajos y niveles de inventario entre las diferentes etapas. A partir de este análisis, se diseñan mejoras concretas orientadas a eliminar actividades que no añaden valor y reducir significativamente tiempos, costes e ineficiencias. De esta manera, el VSM sirve tanto para diagnosticar la situación actual como para proyectar un estado futuro más eficiente y productivo.

Muchas empresas que implantan Lean logran reducir los tiempos de ciclo (*lead time*) significativamente, a veces a una fracción de lo que eran, lo cual les permite fabricar y entregar más rápido al cliente. Esto impacta positivamente en indicadores como el tiempo de entrega y la rotación de inventarios. Asimismo, Lean enfatiza la calidad desde el origen, con conceptos como *zero defects*, *jidoka* (automatización con inteligencia) o Poka Yoke (sistemas a prueba de errores). Al evitar que los defectos ocurran o pasen a la siguiente etapa, se mejora la eficiencia (menos reprocesos) y la satisfacción del cliente.

- **Reducción del lead time (tiempo de ciclo).** Una empresa de muebles modulares detecta que desde que un pedido entra hasta que se entrega pasan más de 15 días. Tras aplicar Lean y reorganizar su taller en células de trabajo, reduce los movimientos innecesarios, mejora la planificación y acorta el ciclo a solo 6 días. Esto le permite entregar más rápido y recibir más pedidos sin aumentar recursos.
- **Zero defects (cero defectos).** En una fábrica de piezas plásticas para automoción, los operarios realizan una autoinspección visual cada 50 unidades para detectar imperfecciones de moldeo. Se establece como cultura que la calidad no se inspecciona al final, sino que se garantiza en cada paso, y cualquier trabajador o trabajadora puede detener el proceso si detecta un error. Esto reduce drásticamente las devoluciones de cliente.
- **Jidoka (automatización con inteligencia).** Una empresa de montaje de placas electrónicas, implementa una máquina que detecta automáticamente si un componente está mal soldado. En vez de seguir adelante, la máquina detiene la línea y enciende una luz roja para que el operario revise. Así se evita que el defecto avance, se pierda tiempo y se estropee el producto final.
- **Poka Yoke (sistema a prueba de errores).** En empresa que ensambla cafeteras domésticas, un operario solía cometer errores al colocar la válvula de presión en la dirección equivocada. Para evitarlo, se modifica el diseño con una pieza guía asimétrica que solo encaja en la posición correcta. Desde entonces, el error desaparece por completo sin necesidad de supervisión adicional.

Kanban es una técnica visual de gestión del trabajo que permite controlar y mejorar los flujos de producción o servicio. Su nombre proviene del japonés y significa literalmente *tarjeta o letrero*, ya que su base consiste en visualizar las tareas mediante tarjetas colocadas en un tablero, que representan el estado actual del trabajo: por hacer, en proceso o terminado.

Herramientas Lean como Kanban aportan eficiencia controlando el WIP (trabajo en proceso) y evitando acumulaciones; esto suele traducirse en reducciones drásticas del inventario en proceso y de los espacios requeridos, incidiendo en métricas como inventario medio y coste de capital. Este método, creado en los años 40 por *Taiichi*

Ohno en Toyota, se basa en el principio *Just in Time*, es decir, producir solo lo necesario, cuando se necesita y en la cantidad justa. En lugar de producir por previsión (modelo push), Kanban responde a la demanda real (modelo *pull*), lo que evita acumulación de inventarios, mejora la eficiencia y reduce errores.

Para aplicar Kanban en una empresa se siguen estos pasos:

1. Capacitar al personal sobre el método.
2. Diseñar el tablero, dividiendo el flujo de trabajo en etapas visuales. Por ejemplo, por hacer, en proceso, terminado:

Por hacer	En proceso	Terminado
Montaje carcasa	Ensayar tostadora modelo A	Revisión de calidad modelo B
Preparar etiquetas		
Soldar resistencias		

3. Crear las tarjetas Kanban, que representarán tareas o pedidos y que se moverán por el tablero.

ID	Tarea	Responsable	Prioridad	Estado
K-001	Montaje carcasa	Lucía	Alta	Por hacer
K-002	Preparar etiquetas	Carlos	Media	Por hacer
K-003	Soldar resistencias	Elena	Alta	Por hacer
K-004	Ensayar tostadora modelo A	Sergio	Alta	En proceso
K-005	Revisión de calidad modelo B	Marta	Baja	Terminado

Se colocan en la columna inicial del tablero Normalmente es la columna "Por hacer". Ahí se agrupan todas las tareas pendientes. A medida que una persona comienza a trabajar en una tarea, mueve la tarjeta a "En proceso". Cuando la termina, la mueve a "Terminado". Este movimiento hace visible el flujo de trabajo para todo el equipo, permite identificar cuellos de botella, y asegura que no se olviden tareas.

Recuerda

El modelo *push* o de empuje es un sistema tradicional de producción en el que las cantidades producidas y almacenadas se basan en previsiones de demanda. En este enfoque, la producción se "empuja" a través de la cadena de suministro, desde las materias primas hasta el producto terminado, sin esperar necesariamente la confirmación inmediata del mercado. El riesgo principal del modelo *push* es que puede generar inventarios excesivos si las predicciones de demanda no son precisas, provocando costes adicionales y posibles obsolescencias.

El modelo *pull*, representado típicamente por el sistema Kanban, es un método basado en la demanda real y concreta del cliente, produciendo únicamente cuando existe una necesidad específica. En este enfoque, es la demanda del consumidor la que "tira" o impulsa la producción desde atrás hacia adelante. Kanban funciona utilizando señales visuales, como tarjetas o sistemas digitales, para indicar cuándo y cuánto producir, evitando excesos de inventario y adaptándose de manera más precisa a la demanda real.

Uno de los principios de Kanban es limitar cuántas tareas puede haber en proceso al mismo tiempo. Si hay demasiadas tarjetas en "en proceso", significa que se está saturando el equipo. Esto ayuda a mantener el foco y mejorar la calidad.

1. Asignar responsables del seguimiento y reposición de materiales o información.
2. Medir y analizar el flujo para detectar cuellos de botella.
3. Estandarizar procesos y tareas para facilitar mejoras.
4. Ampliar la implementación a más áreas de la empresa si ha sido exitosa.

Ejemplo

Una empresa de electrodomésticos que fabrica tostadoras decide implantar el método Kanban en su línea de ensamblaje de resistencias eléctricas.

Los operarios solían quedarse sin resistencias porque no había un sistema claro para reponerlas a tiempo. Esto generaba paros frecuentes.

Para solucionarlo, se colocan tarjetas Kanban en los contenedores que almacenan resistencias. Cada vez que un operario vacía un contenedor, la tarjeta se envía al proveedor interno (almacén), indicando que debe reponerlo con otro contenedor lleno. Mientras tanto, el operario trabaja con el segundo contenedor, que ya estaba preparado (modelo de doble contenedor).

SMED (Single-Minute Exchange of Die) es una técnica Lean que busca reducir al mínimo el tiempo necesario para cambiar de una tarea o producto a otro en una línea de producción, especialmente en procesos industriales. Su objetivo es que ese cambio se realice en menos de 10 minutos (de ahí lo de "*single-minute*").

Técnicas como SMED permiten:

- Cambiar rápidamente de producto en una línea de producción, lo que facilita producir lotes pequeños sin perder tiempo y adaptarse mejor a la demanda.
- Cambiar herramientas o moldes rápidamente, por ejemplo, pasar de fabricar un modelo a otro en la misma máquina.
- Reducir tiempos muertos entre lotes de producción.
- Hacer lotes más pequeños sin perder eficiencia, lo que facilita adaptarse a pedidos variados o personalizados.

Ejemplo

En una fábrica de envases, cambiar el molde para producir un tamaño diferente tardaba 90 minutos. Con SMED, se reorganiza el trabajo: se preparan herramientas con antelación, se sustituyen piezas modulares y se eliminan pasos innecesarios. Tras aplicar SMED, el cambio de molde se realiza en 12 minutos, sin detener la producción durante horas.

Fig. 14. El enfoque Lean proporciona un marco sistemático de mejora que ataca las ineficiencias en todas sus formas

Desde el punto de vista financiero, Lean elimina desperdicios (muda), reduciendo costes directos e indirectos: menos inventario, menos retrabajos, menos tiempos muertos. Además, al fomentar la participación del equipo mediante Kaizen, mejora la motivación y reduce la rotación laboral.

6. Conocimiento de las diferentes herramientas Lean y su implantación a través de casos prácticos:

Las empresas que adoptan la filosofía Lean cuentan con un conjunto de herramientas probadas para eliminar desperdicios y mejorar sus procesos.

6.1. Exposición de las herramientas Lean más frecuentemente implantadas en las empresas

Algunas de las herramientas Lean más frecuentemente implantadas en entornos industriales son:

- **5S:** metodología de organización, orden y limpieza del puesto de trabajo. Consiste en cinco pasos (Clasificar, Ordenar, Limpiar, Estandarizar y Disciplina) que buscan eliminar lo innecesario y mantener un entorno de trabajo óptimo y seguro. Implantar 5S reduce tiempos perdidos buscando herramientas o materiales, facilita el mantenimiento (equipos limpios y ordenados sufren menos averías) y sienta las bases para la calidad y la seguridad. Es habitualmente la primera herramienta que se implanta para introducir la cultura Lean, ya que crea disciplina y visibilidad de problemas.

En el taller Rodar Mejor, los mecánicos perdían tiempo buscando herramientas, había acumulación de piezas viejas, y el suelo solía estar desordenado. El responsable decide implantar la metodología 5S para mejorar el entorno de trabajo.

1. **Clasificar (Seiri).** Se revisa todo lo que hay en el taller: se eliminan piezas rotas, herramientas duplicadas y productos que no se usan. Solo se conserva lo necesario.
2. **Ordenar (Seiton).** Se asigna un lugar claro y visible para cada herramienta: las llaves están colgadas con etiquetas, las cámaras de aire van en cajas numeradas y los tornillos se almacenan por tamaño. Todo está a mano.
3. **Limpiar (Seiso).** Se realiza una limpieza a fondo: suelos, bancos y máquinas. Se crea un calendario de limpieza semanal y se asignan responsabilidades.
4. **Estandarizar (Seiketsu).** Se colocan carteles con normas visuales: fotos de cómo debe quedar el puesto al final del día, colores para identificar tipos de herramientas y marcas en el suelo para delimitar zonas.
5. **Disciplina (Shitsuke).** Cada mecánico revisa su puesto antes y después del turno. Se hacen auditorías internas mensuales y se fomenta el compromiso con el orden como parte del trabajo diario.

- **Kanban:** como ya hemos visto, es sistema de *pull* visual para gestionar el flujo de materiales o trabajo en proceso. Es muy utilizado tanto en fábricas (kanbans entre talleres) como en logística (reaprovisionamiento kanban de almacenes).

- **Flujo continuo y células de producción:** organización de equipos y maquinaria en secuencia de proceso para fabricar una pieza a la vez (*one-piece flow*) en lugar de lotes grandes. El flujo continuo elimina esperas y reduce drásticamente el tiempo de ciclo.

  A menudo implica reubicar máquinas en forma de U (célula) donde un operario o pequeño equipo puede ejecutar múltiples operaciones en secuencia. Esta herramienta busca que el producto fluya pieza a pieza sin detenerse ni apilarse. Requiere equilibraje de cargas entre estaciones para evitar cuellos de botella. Con flujo continuo se logran tiempos de producción muy cortos y alta flexibilidad para lotes pequeños.

- **SMED (*Single Minute Exchange of Die*):** como hemos visto anteriormente, se trata de una técnica para reducir dramáticamente los tiempos de cambio de utillajes o preparación de máquinas entre una serie de producción y la siguiente. Consiste en separar las actividades internas (con máquina parada) de las externas (con máquina en marcha), preparar todo por adelantado y optimizar o eliminar pasos.

- **Poka Yoke:** también llamados *a prueba de errores*, son dispositivos o mecanismos sencillos que previenen errores humanos o los hacen evidentes de inmediato, evitando que se conviertan en defectos. Pueden ser físicos (un conector que solo encaja de una manera, eliminando montajes invertidos), secuenciales (una lista de comprobación que fuerza pasos en orden) o visuales (indicadores que alertan de una condición anómala). El objetivo es que sea imposible o muy difícil cometer ciertos errores.

- **Mantenimiento Productivo Total (TPM):** programa integral de mantenimiento involucrando a toda la organización, con el fin de lograr *cero averías, cero defectos y cero accidentes*. Se apoya en pilares como mantenimiento autónomo (operarios cuidando rutinariamente sus máquinas), mantenimiento planificado, mejora enfocada (equipos analizando causas raíz de fallos) y entrenamiento. El TPM utiliza indicadores como el OEE (Efectividad Global de Equipos) para medir las pérdidas de disponibilidad, velocidad y calidad en las máquinas.

- **Value Stream Mapping (VSM):** herramienta de análisis que dibuja el mapa de flujo de valor desde materias primas hasta el cliente, mostrando procesos, flujos de información, tiempos de ciclo, inventarios, etc. Permite visualizar holísticamente dónde están los cuellos de botella, esperas, transportes inútiles y otras mudas a lo largo de todo el *stream*. Con VSM se elabora un "estado actual" y luego se diseña un "estado futuro" más optimizado, eliminando pasos que no aportan valor y reduciendo tiempos o inventarios entre procesos.

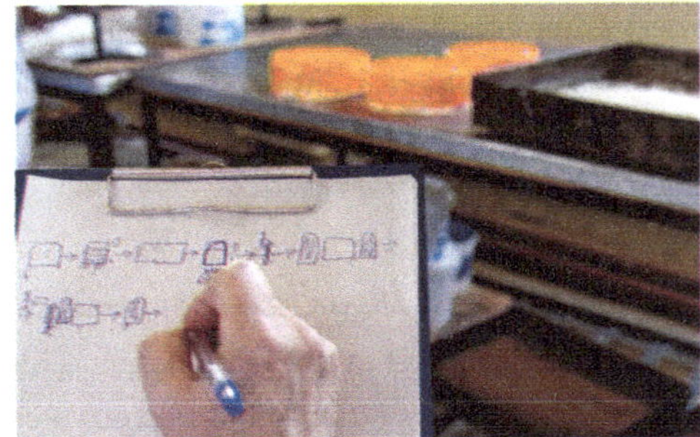

Fig. 15. VSM es una herramienta estratégica para planificar la transformación Lean

Una empresa textil fabrica camisetas personalizadas. A pesar de tener buena demanda, los pedidos tardan mucho en entregarse y hay quejas por retrasos. El gerente decide aplicar Value Stream Mapping para analizar el proceso completo.

- **Paso 1:** Mapa de estado actual. Se dibuja todo el flujo de valor, desde que entra el tejido en la fábrica hasta que se entrega la camiseta al cliente.

  Se identifican los siguientes procesos:
  1. Recepción de materiales
  2. Corte del tejido
  3. Estampado
  4. Costura
  5. Inspección y empaquetado
  6. Envío

  También se anotan:
  o Tiempos de ciclo: por ejemplo, el corte tarda 3 minutos por camiseta, pero el estampado se acumula y hay 2 días de espera.
  o Inventarios intermedios: hay cajas apiladas entre procesos.
  o Información: los pedidos se imprimen en papel y a veces se pierden o llegan tarde.

  Se observan varios desperdicios (mudas):
  o 2 días de espera entre corte y estampado.
  o Transporte manual de paquetes entre áreas lejanas.
  o Reprocesos por errores en la información.

- **Paso 2:** Diseño del estado futuro. Con el equipo, se rediseña el flujo:
  o Se agrupan físicamente las zonas de corte y estampado para evitar transporte innecesario.
  o Se digitaliza la gestión de pedidos, eliminando errores en la impresión.
  o Se reorganiza el flujo de trabajo en células más pequeñas que permitan hacer lotes de 10 camisetas en lugar de 100.
  o Se aplican prácticas de flujo continuo y reducción de inventario entre pasos.

- **Kaizen / Mejora continua:** más que una herramienta aislada, es el proceso y cultura de involucrar a todos los niveles de la empresa en buscar continuamente mejoras pequeñas y grandes en los procesos. Se instrumenta mediante eventos Kaizen (proyectos cortos enfocados a un problema concreto, con un equipo multifuncional implementando mejoras inmediatas) y sistemas de sugerencias de empleados.

Fig. 16. La filosofía Kaizen asegura que las demás herramientas Lean no sean esfuerzos puntuales, sino una rutina constante

6.2. Análisis de cómo afectan estas herramientas en la gestión y su reflejo en los indicadores de gestión

La implantación de las herramientas Lean mencionadas repercute claramente en la forma de gestionar la producción y en los indicadores de gestión que la dirección utiliza para medir el éxito operativo.

En primer lugar, Lean cambia la mentalidad de gestión de una orientación puramente cuantitativa (produce más acumulando inventario) a una orientación cualitativa y de flujo (produce de forma más fluida, sin errores y solo lo necesario). Esto se refleja en indicadores clave: tradicionalmente muchas fábricas medían el éxito por la utilización de maquinaria o el volumen producido, aunque hubiera sobrestock; con Lean, indicadores como tiempo takt (ritmo marcado por la demanda), lead time o nivel de inventario pasan a primer plano. Por ejemplo, tras Kanban y flujo continuo, un gestor se enfocará en reducir el *lead time* total desde pedido a entrega, quizás como KPI principal, en lugar de maximizar la producción diaria a toda costa. Veamos algunos impactos específicos en indicadores:

- **Reducción de tiempos de ciclo y de entrega:** Herramientas como flujo continuo, VSM, SMED y Kanban suelen conducir a disminuciones dramáticas en los tiempos necesarios para fabricar y entregar un producto. Un proceso con esperas e inventarios intermedios puede tener un lead time de semanas; al aplicar Lean, ese lead time puede reducirse a días. Indicadores como *Order Fulfillment Time* (tiempo desde la orden del cliente hasta la entrega) mejoran sustancialmente.

  Un caso ya citado: Inditex logró entregar novedades en 2-3 semanas desde diseño, versus los ~6 meses típicos del sector tradicional. Esto se traduce en un nivel de servicio superior y una rotación de producto altísima (varias temporadas de moda en un año vs. dos tradicionales), indicador comercial clave. Internamente, métricas como Tiempo de Ciclo de Producción (Production Cycle Time) y Throughput (unidades producidas por unidad de tiempo) reflejan la agilidad incrementada: throughput aumenta no por meter más recursos sino por eliminar esperas y cuellos de botella.

- **Mejora de la productividad y uso de recursos:** Muchas herramientas Lean atacan directamente pérdidas de tiempo o esfuerzo, así que la productividad por trabajador sube. Indicadores como unidades por hora-hombre o valor añadido por empleado tienden al alza. Por ejemplo, con 5S y mejor disposición, un operario dedica menos tiempo a buscar o moverse y más a producir; con SMED, el personal que antes invertía horas en cambios ahora produce durante ese tiempo. Empresas reportan mejoras de dos dígitos porcentuales en productividad tras implantar Lean (por ejemplo, +20% piezas por persona), lo cual incide en la reducción de costes unitarios. Un indicador global, Coste de Manufactura por Unidad, suele caer gracias a Lean. Además, Lean mejora el rendimiento de la maquinaria: con TPM, OEE sube, significando que las mismas máquinas producen más unidades buenas en el mismo calendario. Esto puede evitar o posponer inversiones de capital, mejorando indicadores financieros (ROI de activos).

- **Calidad y tasa de defectos:** Con Poka Yoke, Jidoka y cultura de *calidad en la fuente*, la calidad interna mejora sensiblemente. Un indicador como índice de rechazos internos o tasa de retrabajo baja tras Lean, ya que menos piezas defectuosas pasan por el proceso. Asimismo, reclamos de clientes o devoluciones tienden a disminuir (impactando positivamente el indicador de ppm defectos en campo, o la satisfacción del cliente). Lean busca *cero defectos*, y aunque sea asintótico, muchas plantas logran reducir sus defectos a una fracción. Esto tiene efecto multiplicador: mejora la eficiencia (no se reprocesa), mejora costos (menos scrap) y mejora la reputación (menos garantías).

- **Inventarios y rotación de stock:** Al aplicar Lean, uno de los resultados más notables es la reducción de inventarios en todas las etapas. Indicadores como días de inventario o valor de stock sobre ventas mejoran significativamente. Con Kanban y producción nivelada, el inventario en proceso se minimiza; con JIT, el inventario de materias primas se reduce al estrictamente necesario (complementado con stock de seguridad pequeño si acaso); y al producir solo lo necesario, también el inventario de producto terminado baja. Una alta rotación de inventarios es un sello de cadena de suministro Lean. Esto libera capital y reduce costes de almacenaje, incidiendo en la rentabilidad. Un ejemplo: tras Lean, empresas que tenían 30 días de stock total pueden pasar a tener 5-10 días, mejorando su flujo de caja.

- Seguridad y clima laboral: Aunque a veces olvidado en indicadores, Lean suele mejorar la seguridad laboral (menos desorden = menos accidentes, 5S elimina riesgos, ergonomía se atiende) y aumentar la participación de los empleados. Indicadores de siniestralidad (accidentes por hora trabajada) suelen bajar con 5S y TPM, ya que limpieza y mantenimiento previenen condiciones inseguras. Por otro lado, encuestas de clima o sugerencias implementadas suben, reflejando un personal más involucrado gracias a Kaizen y a empoderamiento (lean le da al operario más control sobre su trabajo y capacidad de mejorarlo). Un entorno Lean maduro se nota también en menor rotación de personal y ausentismo, indicadores que algunas empresas monitorean pues impactan la estabilidad de la producción.

La siguiente tabla resume cómo distintas herramientas Lean impactan de forma directa en la gestión de la producción y en los principales indicadores operativos:

Aspecto analizado	Herramientas Lean implicadas	Indicadores afectados	Impacto observado
Tiempos de ciclo y entrega	Flujo continuo, VSM, SMED, Kanban	Order Fulfillment Time, Lead Time, Cycle Time, Throughput	Reducción drástica del lead time y aumento de *throughput*
Productividad y uso de recursos	5S, SMED, TPM	Unidades por hora-hombre, Coste por unidad, OEE, ROI	Incremento de productividad y eficiencia, reducción de costes
Calidad y tasa de defectos	Poka Yoke, Jidoka, calidad en la fuente	Índice de rechazos, ppm, tasa de retrabajo, satisfacción del cliente	Disminución de defectos, mejora en la reputación y satisfacción
Inventarios y rotación de stock	Kanban, JIT, producción nivelada	Días de inventario, rotación de stock, valor de stock sobre ventas	Reducción de inventarios y mejora de la liquidez
Seguridad y clima laboral	5S, TPM, Kaizen	Índice de accidentes, clima laboral, sugerencias, rotación de personal	Mejora en la seguridad y compromiso del personal

6.3. Explicación de los pasos a seguir para implantar un sistema Lean en la empresa

Implementar Lean en una organización industrial es un proceso que requiere planificación, cambio cultural y constancia.

Fig. 17. El sostenimiento a largo plazo de un sistema Lean a veces requiere refrescar la formación y mentoría continua a nuevos empleados para que la cultura perdure

Se puede resumir en una serie de pasos o etapas típicas para asegurar una implantación exitosa:

1. **Compromiso y preparación de la alta dirección:** El primer paso es lograr que la dirección de la empresa entienda los principios Lean y se comprometa con ellos. Sin apoyo decidido de arriba, los esfuerzos Lean tienden a diluirse ante la primera dificultad. La empresa debe definir objetivos claros (por ejemplo, "reducir a la mitad el lead time en 1 año" o "mejorar OEE al 85%") que orienten la implantación Lean en línea con la estrategia de negocio.

2. **Formación y cambio cultural:** Antes de lanzarse a aplicar herramientas, es crucial educar al personal en los conceptos Lean. Esto implica desde sesiones de capacitación para directivos y mandos (en filosofía Lean, ejemplos de éxito, técnicas básicas) hasta entrenamiento práctico de operarios en herramientas específicas (5S, detección de desperdicios, trabajo estándar, etc.). Además, hay que trabajar la cultura: fomentar un ambiente donde se valore la mejora continua, se elimine el miedo al error (para reportar problemas abiertamente) y se promueva la colaboración interdepartamental.

3. **Diagnóstico inicial (Value Stream Mapping):** Conviene analizar la situación actual de los procesos para identificar oportunidades. Aquí es donde se suelen utilizar herramientas como el VSM para mapear el flujo de valor actual, medir indicadores base (lead times, inventarios, defectos, etc.) y detectar dónde están los principales desperdicios.

4. **Pilotos y selección de herramientas:** En lugar de intentar transformar toda la planta de golpe, es recomendable iniciar con proyectos piloto en áreas acotadas. Por ejemplo, escoger una línea de producto o una sección e implementar allí las primeras herramientas Lean.

   En esta fase se seleccionan las herramientas apropiadas para los problemas identificados: si hay desorden, se empieza con 5S; si hay mucho inventario en cola, Kanban entre procesos; si los cambios de máquina son lentos, SMED; si hay muchos defectos, Poka Yoke, etc. Se establecen equipos responsables por cada proyecto (generalmente multifuncionales, incluyendo operarios de la zona piloto) y se ejecutan las mejoras. Un piloto exitoso sirve de vitrina para demostrar resultados y ajustar enfoques antes de escalar. Por ejemplo, se puede pilotar Kanban en un par de componentes para afinar el sistema de tarjetas antes de expandirlo a todos.

5. **Estandarización y documentación:** A medida que se van logrando mejoras, es esencial estandarizar los nuevos procesos. Esto implica definir nuevos procedimientos operativos (trabajo estándar), actualizar instrucciones, marcar visualmente las áreas (en 5S, por ejemplo, delimitar ubicaciones con cinta, etiquetar, etc.) y en general dejar institucionalizado el cambio para que persista.

   La estandarización es un pilar Lean porque asegura que las mejoras no dependan de individuos específicos, sino que cualquiera pueda seguir el proceso mejorado.

   Por ejemplo, si SMED redujo el cambio de troquel a 10 minutos, ese método ahora se documenta paso a paso, con checklist, y se entrena a todo el personal relevante en seguirlo así siempre.

6. **Medición de resultados y retroalimentación:** Conforme se implementan las acciones Lean, se van midiendo los resultados contra la línea base inicial. Es fundamental contar con un conjunto de indicadores Lean (los mencionados: lead time, OEE, inventario, productividad, calidad, etc.) e incluirlos en los informes regulares. Si alguna mejora no da el resultado esperado, se analiza la causa y se ajusta (siguiendo el ciclo PDCA – Planear, Hacer, Verificar, Actuar).

   La transparencia en los resultados ayuda a mantener el apoyo directivo y a motivar a los equipos ("hemos logrado reducir 30% el tiempo de fabricación de X producto" es un gran incentivo). Muchas compañías visualizan estas métricas en tableros en planta, para que todos vean el progreso y se mantenga el impulso.

7. **Extensión progresiva (roll-out) y consolidación:** Tras el éxito en áreas piloto, el sistema Lean se va extendiendo al resto de la organización. Esto puede hacerse por fases (proceso por proceso, o planta por planta si es multi-planta) y

habitualmente los mismos líderes u operarios que participaron en los pilotos actúan como embajadores/formadores internos para las siguientes áreas. La idea es crear un efecto multiplicador: conocimiento Lean diseminado y cada vez más personas involucradas. En esta etapa se pueden incorporar herramientas Lean adicionales más avanzadas una vez sentadas las bases (por ejemplo, después de Kanban interno, extender JIT a proveedores; o después de TPM básico, introducir mantenimiento predictivo apoyado en sensorística).

Anotación

Es importante consolidar la cultura: reforzar la idea de que la mejora continua no termina nunca. Empresas maduras realizan eventos Kaizen de manera periódica para nuevos desafíos y mantienen comités Lean que supervisan el avance.

8. **Sostenimiento y mejora permanente:** El paso final es realmente un ciclo sin fin: mantener lo logrado y seguir mejorando. Esto implica auditorías regulares de 5S (para no caer en el desorden con el tiempo), rotación de personal en células para polivalencia, revisar estándares ante cualquier cambio, y seguir motivando la participación (por ejemplo, implementando sistemas de sugerencias con reconocimiento a los empleados cuyas ideas se implementan).

Resumen

Una correcta previsión de la demanda es esencial para toda la cadena de suministro. Permite planificar la producción, ajustar los inventarios, mejorar el servicio al cliente y evitar distorsiones como el efecto látigo. Existen métodos tradicionales de gestión de la demanda, como los modelos cualitativos (basados en expertos) y cuantitativos (como series temporales), que ayudan a anticipar necesidades. Sin embargo, en entornos complejos o variables, estas herramientas deben complementarse con soluciones más avanzadas, como la analítica de Big Data y la inteligencia artificial. Estas tecnologías permiten integrar múltiples fuentes de información en tiempo real y generar pronósticos mucho más precisos y dinámicos.

Por otro lado, la gestión de compras y aprovisionamientos influye directamente en los costes, en la eficiencia operativa y en los indicadores de producción. Existen dos estrategias básicas: producir para stock (MTS) o producir bajo pedido (MTO), y cada una implica decisiones distintas de aprovisionamiento. Herramientas como el **MRP**, el modelo de lote económico (**EOQ**), el análisis **ABC** o el punto de pedido siguen siendo básicas para planificar materiales, aunque hoy se complementan con métodos más flexibles como Just in Time o Kanban. La integración entre demanda, compras y producción, junto con la colaboración de departamentos como mantenimiento y calidad, permite aumentar la productividad, reducir costes y garantizar entregas a tiempo. Las herramientas Lean (como SMED, 5S o VSM) y la automatización industrial permiten a las empresas adaptarse rápidamente, eliminar desperdicios y mejorar sus resultados de forma sostenible.

Módulo 2. Gestión de la producción en una empresa

Glosario

Efecto látigo

Distorsión de la demanda real que se amplifica a medida que avanza por los diferentes niveles de la cadena de suministro.

EOQ (Economic Order Quantity)

Fórmula que determina la cantidad ideal a pedir para minimizar los costes de pedido y de almacenamiento.

Kanban

Sistema visual de gestión que regula el flujo de materiales o tareas en función de la demanda, evitando sobreproducción.

MRP (Material Requirements Planning)

Sistema de planificación que calcula qué materiales se necesitan, en qué cantidad y cuándo, para satisfacer un plan de producción.

MTO (Make to Order)

Estrategia de fabricación en la que se produce únicamente después de recibir un pedido del cliente, evitando stock innecesario.

MTS (Make to Stock)

Estrategia que implica fabricar productos basándose en previsiones de venta, almacenándolos hasta su comercialización.

Previsión de la demanda

Estimación anticipada de las necesidades futuras de productos por parte de los clientes, clave para planificar la producción y los aprovisionamientos.

SMED

Técnica Lean para reducir el tiempo de cambio entre productos en una máquina o línea, permitiendo mayor flexibilidad y reducción de lotes.

TPM (Total Productive Maintenance)

Modelo de mantenimiento que involucra a toda la organización para lograr cero averías y mejorar el uso de los equipos.

Value Stream Mapping (VSM)

Herramienta que representa gráficamente todo el flujo de procesos e información desde el proveedor hasta el cliente, para identificar ineficiencias y mejorar el sistema productivo.

Ejercicios de autoevaluación

1. ¿Cuál de las siguientes consecuencias puede derivarse de una previsión de demanda inexacta?

a. Reducción de costes de aprovisionamiento.

b. Mejora en el cumplimiento de plazos.

c. Aparición del efecto látigo en la cadena.

d. Incremento en la fidelización del cliente.

2. ¿Qué herramienta tradicional se utiliza para calcular cuándo y cuánto material hay que pedir?

a. Análisis ABC.

b. MRP.

c. SMED.

d. TPM.

3. ¿Cuál es una característica principal del sistema Make to Order (MTO)?

a. Se produce para tener stock disponible.

b. Se fabrica antes de recibir pedidos.

c. Se inicia la producción tras recibir el pedido.

d. Se trabaja con inventarios altos.

4. ¿Qué técnica Lean busca reducir el tiempo de cambio de formato en máquinas a menos de 10 minutos?

a. Kanban.

b. Jidoka.

c. SMED.

d. Poka Yoke.

5. ¿Qué representa el indicador OEE en el entorno industrial?

    a. Grado de personalización de producto.

    b. Nivel de automatización del proceso.

    c. Porcentaje de entregas sin devoluciones.

    d. Efectividad global de los equipos.

6. ¿Cuál de las siguientes opciones es propia del modelo Just in Time?

    a. Producción basada en previsiones a largo plazo.

    b. Elevado nivel de inventario intermedio.

    c. Recepción de materiales justo en el momento de uso.

    d. Pedidos masivos para reducir precios.

7. ¿Cuál de estas herramientas permite clasificar los inventarios según su valor y rotación?

    a. TPM.

    b. VSM.

    c. EOQ.

    d. Análisis ABC.

8. ¿Qué aporta la digitalización basada en Big Data a la previsión de demanda?

    a. Mayor subjetividad en la toma de decisiones.

    b. Automatización de tareas administrativas.

    c. Reducción de la intervención humana en el cálculo.

    d. Sustitución total del juicio experto.

9. ¿Qué describe mejor la herramienta Kanban en entornos productivos?

a. Es un tipo de mantenimiento correctivo.

b. Es un sistema visual de gestión por tarjetas.

c. Es una técnica para equilibrar líneas.

d. Es un sistema de control financiero.

10. ¿Cuál es una ventaja principal del sistema de producción *pull* respecto al *push*?

a. Se producen grandes lotes para reducir costes.

b. Se necesita menos personal cualificado.

c. Se ajusta a la demanda real, reduciendo inventarios.

d. Se centraliza la planificación de producción.

Módulo 3. Gestión de almacenes

Introducción

La gestión de almacenes ha evolucionado drásticamente en los últimos años, incorporando nuevas tecnologías de la llamada Industria 4.0 para mejorar la eficiencia, productividad, ergonomía, automatización y conectividad de las operaciones logísticas.

Los principios tradicionales de almacenaje (como la unitarización de cargas en palets o contenedores, el uso de estanterías estáticas y carretillas elevadoras convencionales) conviven hoy con sistemas digitales avanzados: Sistemas de Gestión de Almacenes (SGA) inteligentes, vehículos autónomos (AGV/AMR), identificación por radiofrecuencia (RFID), *picking* por voz y realidad aumentada, entre otros.

Objetivos

- Determinar las tecnologías de almacenaje tradicionales y sus principios de funcionamiento, así como las nuevas tendencias y tecnologías con la llegada de la industria 4.0.

1. Distinción de los diferentes tipos de elementos de manutención que se emplean en un centro logístico:

En un centro logístico se emplean diversos elementos de manutención para manipular, almacenar y transportar mercancías. Estos elementos abarcan desde la contenedorización de la carga (unificar productos en unidades manejables) hasta las estructuras de almacenaje (estanterías) y los equipos de movimiento (carretillas elevadoras).

A continuación, se definen los principales tipos en cada categoría, indicando sus principios de funcionamiento tradicionales y su adecuación según la tipología de producto:

1.1. Definición de los distintos tipos de conteinerización: pallets, embalajes y contenedores

A continuación, se exponen los tipos de conteinerización:

- **Paletización:** Consiste en agrupar mercancías (cajas, sacos, piezas sueltas, etc.) sobre una plataforma denominada palet para formar una unidad de carga manejable.

Anotación

Los palets más comunes son de madera (también los hay de plástico o metal), con el europalet (1200×800 mm) estandarizado por ISO 445 predominando en Europa. La paletización se inició en entornos militares en el siglo XX para agilizar el suministro, y hoy es el método de unitarización más extendido por la seguridad y rapidez que aporta en la manipulación de mercancías. Al colocar múltiples cajas o productos pequeños en un palet, se conserva la integridad de los productos y se facilita su traslado con equipos mecánicos (carretillas), aprovechando mejor el espacio del almacén y reduciendo daños durante el manejo.

Es fundamental asegurar la carga en el palet (mediante retractilado, cinchas, esquineros, etc.) para garantizar la estabilidad y la protección durante el almacenaje y transporte.

Fig. 1. La transpaleta manual es una herramienta básica de manutención utilizada para mover palets a corta distancia dentro del almacén o durante operaciones de carga y descarga

- **Embalajes:** Son los envases o envoltorios que protegen y agrupan a los productos individuales, facilitando su manejo como conjuntos. Se clasifican en embalaje primario (el contenedor inmediato del producto, por ejemplo, una botella o bolsa), embalaje secundario (agrupa unidades primarias, como cajas de cartón) y embalaje terciario (por ejemplo, palets y film plástico).

Cada tipo de embalaje cumple funciones de protección, consolidación y comunicación (etiquetado), incidiendo en la eficiencia de estiba: por ejemplo, cajas de cartón aportan versatilidad, bidones metálicos permiten transportar líquidos, etc., pero requieren asegurarse adecuadamente para no comprometer la estabilidad de la carga. Un embalaje bien diseñado facilita la estiba (colocación ordenada) en palets o estanterías, evitando espacios vacíos y distribuyendo el peso uniformemente. Además, el uso de embalajes modulares y reutilizables (p.ej. contenedores plegables, jaulas metálicas) permite optimizar espacio y sostenibilidad, encajando perfectamente entre sí en la unidad de carga.

Fig. 2. El embalaje retráctil es una técnica habitual en logística para asegurar la mercancía sobre palets, reducir daños durante el transporte y mejorar la estabilidad en el almacenamiento

- **Contenedores:** La contenerización refiere al uso de contenedores de carga estandarizados para transportar mercancías como unidad cerrada. Un contenedor (típicamente los contenedores intermodales ISO de 20 o 40 pies) permite almacenar y mover gran volumen de mercancía en bloque, protegiéndola de forma indivisible y segura durante todo el trayecto.

A diferencia del palet, el contenedor sólo se abre en origen y destino, minimizando manipulaciones intermedias y riesgos de robo o daño. Existen contenedores de distintos tipos (estándar, refrigerados, cisternas, abiertos, etc.) y materiales (acero, aluminio, madera contrachapada) según la naturaleza del producto, todos bajo normas ISO (p.ej. ISO 830) que uniformizan dimensiones y características.

Saber más

Muchos contenedores están diseñados para ajustarse a las medidas de los palets europeos, de modo que son compatibles con los mismos equipos de manutención (carretillas elevadoras, apiladores) y pueden ubicarse en estanterías preparadas para palets. En logística interior, también se emplea la palabra contenedor para recipientes de almacenaje reutilizables (bins, cajas grandes) que agrupan piezas a granel o productos pequeños; igualmente, su objetivo es facilitar la manipulación masiva con medios mecánicos y mantener la mercancía unificada.

*Fig. 3. Contenedores marítimos estándar, utilizados en el transporte intermodal
(marítimo, ferroviario y terrestre) para unificar la carga, facilitar su manipulación y
garantizar la seguridad durante el traslado*

La unitarización de la carga mediante palets o contenedores aporta numerosas ventajas operativas:

- Agiliza la manipulación (mover una unidad grande en vez de múltiples unidades pequeñas).
- Acelera las cargas/descargas de camiones.
- Optimiza el espacio (evitando huecos al consolidar mercancía).
- Mejora el control de stock e identificación (cada unidad de carga está etiquetada y trazable).
- Aumenta la seguridad tanto de los productos (bien sujetos, menos expuestos a golpes) como de los trabajadores (reduciendo esfuerzos repetitivos al manejar unidades más grandes con equipo mecánico).

 **Anotación**

Hoy día se tiende a automatizar la paletización con robots (paletizadores) que colocan cajas sobre palets con precisión, integrados al SGA para seguir las órdenes de recepción o expedición.

1.2. Exposición de los distintos tipos de estanterías y su adecuación a cada tipología de producto

En los almacenes se instalan estanterías metálicas industriales para aprovechar el espacio en altura y organizar las unidades de carga (palets, cajas u otras) de forma accesible. Existen diversos tipos de estanterías con principios de funcionamiento distintos, cada uno adecuado a ciertas tipologías de producto, volúmenes y ritmos de rotación.

Los principales sistemas de almacenaje tradicionales para palets son:

A. Estanterías convencionales o selectivas

Configuración de pasillos amplios entre estanterías donde se coloca un palet por ubicación en profundidad. Ofrecen acceso directo e inmediato a cada palet almacenado, lo que las hace ideales para almacenar referencias variadas de media o alta rotación. Son muy versátiles y compatibles con la mayoría de carretillas elevadoras (convencionales de pasillo ancho). Su contra es que no optimizan al máximo el espacio (mucho espacio perdido en pasillos). Se recomiendan cuando se manejan muchos SKU diferentes y se requiere agilidad para preparar pedidos o reponer tiendas.

Variantes de este sistema incluyen:

- **Estanterías de pasillo estrecho (VNA):** similares a las selectivas, pero con pasillos más angostos, lo que aumenta la capacidad hasta un 40 % más en la misma nave. Requieren carretillas especiales de pasillo estrecho (trilaterales o bilaterales) para operar en dichos pasillos. Son apropiadas para almacenes de alta densidad y rotación donde se quiere maximizar espacio sin perder selectividad.

- **Estanterías de doble profundidad:** permiten colocar dos palets en fondo por cada nivel, duplicando la capacidad por estante. El acceso al segundo palet se realiza con carretillas equipadas con horquillas telescópicas o pantógrafo.

Comprometen algo de selectividad (el palet trasero queda bloqueado hasta extraer el delantero), por lo que se usan cuando hay varias unidades de la misma referencia. Son un híbrido entre sistema selectivo y compacto.

Fig. 4. El sistema de estanterías selectivas con pasillos anchos está pensado para facilitar el acceso inmediato a cada palet mediante carretillas elevadoras convencionales en operaciones logísticas con alta rotación de productos

B. Estanterías compactas (por acumulación)

Buscan maximizar la densidad de almacenaje reduciendo o eliminando pasillos.

Dentro de estas, las más conocidas son:

- **Drive-In:** estructuras donde las carretillas entran literalmente en calles interiores de la estantería para depositar o recoger los palets uno detrás de otro en profundidad. Solo requieren un pasillo de acceso por calle, operando bajo el principio LIFO (último en entrar, primero en salir). El último palet almacenado queda accesible en primer lugar. Son adecuadas para productos homogéneos de baja rotación o estacionales, donde no importa dejar mercancía detrás hasta su salida final. Maximizan mucho el espacio (muy alta ocupación volumétrica) a cambio de flexibilidad; por eso suelen usarse para stocks de seguridad o campañas (por ejemplo, bebidas, materias primas en lotes grandes).

- **Drive-Through:** similar al anterior, pero con acceso por dos extremos de la calle (un lado para carga y otro para descarga), permitiendo una gestión FIFO (primero en entrar, primero en salir). Mantiene alta densidad, pero algo menor que drive-in (al requerir dos accesos). Se recomienda para productos homogéneos de alta rotación que necesiten rotación estricta, por ejemplo, alimentos perecederos de un mismo lote.

- **Push-back:** estanterías por acumulación LIFO en las que los palets se almacenan sobre carros o rodillos inclinados. Al depositar un nuevo palet, este empuja hacia atrás a los anteriores, quedando el último siempre al frente para ser extraído primero. Su ventaja es que la carga y descarga ocurren del mismo lado de la estantería (solo un pasillo de trabajo), simplificando la operativa. Se suelen implementar hasta 2–4 palets de fondo. Son útiles para productos con cierta cantidad de stock por referencia, de rotación media, buscando un compromiso entre densidad y accesibilidad.

- **Estanterías dinámicas por gravedad:** en este sistema FIFO, los palets se colocan en un extremo sobre caminos de rodillos con ligera pendiente y ruedan por gravedad hasta el otro extremo. El primer palet en entrar es empujado hacia la salida por los que entran detrás. Se requiere un pasillo de carga y otro de descarga, pero se logra alta densidad y perfecta rotación de stock. Es excelente para productos perecederos o de lote donde es crítico que salga primero lo más antiguo, combinando rotación con almacenamiento compacto.

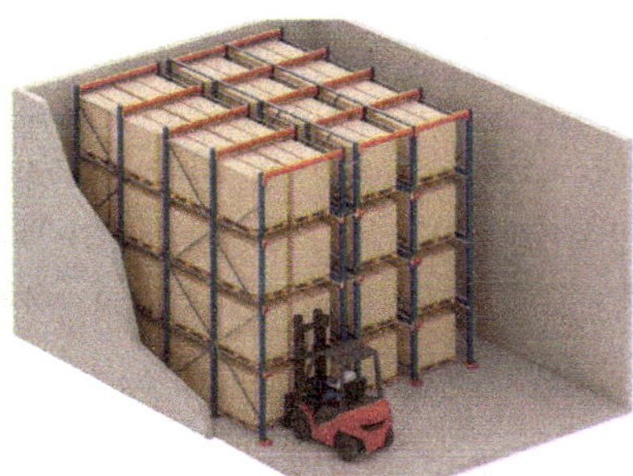

Fig. 5. Una carretilla elevadora introduce palets en profundidad en un sistema de estanterías compactas tipo drive-in, diseñado para maximizar el aprovechamiento del espacio al eliminar pasillos entre niveles

- **Estanterías móviles (*Movirack*):** Son estanterías montadas sobre bases móviles motorizadas que se desplazan lateralmente sobre rieles en el suelo. Permiten eliminar la mayoría de los pasillos fijos: normalmente todas las estanterías están juntas y, cuando se necesita acceder a una carga, se abre automáticamente el pasillo requerido separando las estanterías. Así se obtiene la selectividad de un sistema convencional, pero con una ocupación de espacio cercana a un compacto.

Son adecuadas para almacenes frigoríficos o de alto valor donde el costo por m² es elevado y la rotación no exige accesos simultáneos a muchas referencias a la vez. Requieren sistemas de control de movimiento seguros (sensores para detección de personas/objetos) y suelen combinarse con carretillas estándar (contrapesadas o retráctiles) operando en el pasillo abierto.

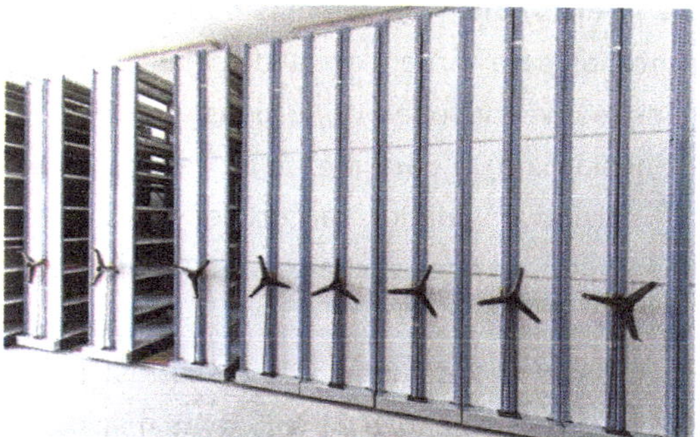

Fig. 6. Las estanterías móviles compactas se deslizan sobre raíles gracias a un sistema de ruedas y manivelas mecánicas o motorizadas, lo que permite eliminar pasillos fijos y abrir solo el necesario en cada momento

- **Estanterías cantiléver:** Especializadas para almacenar mercancías de gran longitud o voluminosas sin paletizar, como perfiles metálicos, tubos, maderas, bobinas, etc. Carecen de largueros frontales; en su lugar poseen brazos en voladizo sobre columnas para soportar la carga por debajo. Esto permite acomodar longitudes diversas que sobresalen por delante. Para este sistema es clave el equipo de manutención adecuado: generalmente se emplean carretillas de carga lateral (carretillas laterales o *side-loaders*) que toman las cargas largas desde un costado, garantizando un transporte ágil y seguro de artículos no paletizados de gran longitud.

Fig. 7. Las estanterías cantiléver son la solución óptima para sectores como almacenistas de acero, madereras o fabricantes de muebles, donde la mercancía no cabe en racks convencionales

- **Estanterías ligeras/picking:** Además de las anteriores (orientadas a palets), existen estanterías para carga manual de cajas o piezas sueltas. Son estructuras más pequeñas, a nivel del operario, usadas en zonas de *picking* de producto B o C (rotación media-baja) o para piezas de recambio. Estas soluciones permiten tener un surtido variado accesible manualmente, muchas veces complementando un almacenaje paletizado (se repone desde palet a *picking*).

Su adecuación depende del tamaño de los ítems: para piezas pequeñas y baja rotación es común incluso el uso de cajoneras o armarios verticales automáticos para aprovechar altura.

La ergonomía aquí es clave: suelen implementarse puestos de *picking* a altura cómoda, mesas elevadoras o carruseles que acercan el producto al trabajador para minimizar agacharse o levantar cargas pesadas.

Fig. 8. Las estanterías de picking permiten organizar gran variedad de productos en cajas accesibles a nivel del operario, facilitando la preparación ágil de pedidos sin necesidad de maquinaria pesada

1.3. Exposición de los distintos tipos de carretillas elevadoras y su adecuación a cada tipo de estanterías y procesos

Las carretillas elevadoras son los vehículos de manutención por excelencia en un almacén, encargados de mover las unidades de carga (palets, contenedores, etc.) entre las ubicaciones de almacenamiento, áreas de preparación y muelles de carga. Existen múltiples tipos de carretillas, diseñadas para distintas funciones, entornos (interiores o exteriores) y adaptadas a ciertos sistemas de estanterías según sus características de maniobra.

A continuación, se describen las principales categorías de carretillas elevadoras usadas en centros logísticos, indicando su aplicación óptima:

A. Transpaletas y apiladores

Son los equipos más básicos. Las transpaletas manuales o eléctricas sirven para mover palets a ras de suelo en recorridos cortos, pero no elevan más que unos centímetros (solo para transportar y cargar/descargar camiones a nivel del suelo).

Fig. 9. La transpaleta eléctrica con plataforma de conducción está diseñada para el transporte ágil de palets a ras de suelo en recorridos medios-largos dentro del almacén

Los apiladores (*stackers*) son carretillas pequeñas (muchas veces peatones o con conductor a pie) con mástil que puede elevar palets a alturas moderadas (3 a 6 metros). Son adecuados para almacenes pequeños o de baja intensidad, con estanterías bajas/medias y pasillos anchos (>2 m). Su velocidad y capacidad de carga son limitadas, pero ofrecen una solución económica para apilar palets en estanterías ligeras o en block-stack (estiba en bloque).

Por ejemplo, una pyme en España con un almacén de 5 m de altura podría emplear apiladores eléctricos para ubicar palets en dos o tres niveles sin invertir en carretillas grandes.

B. Carretillas elevadoras contrapesadas (frontales)

Son las carretillas clásicas de horquillas frontales con contrapeso en la parte trasera. Pueden ser de combustión (diésel, gas) o eléctricas. Son las más utilizadas globalmente, por su versatilidad dentro y fuera del almacén. Pueden cargar rangos amplios de peso (1 a >5 toneladas según modelo). Requieren pasillos relativamente anchos (3-4 m) para maniobrar.

Fig. 10. Ejemplo de carretilla elevadora contrapesada diésel tipo frontal

Estas carretillas sirven para múltiples procesos: carga/descarga de camiones en muelle, traslado interno de palets, y ubicación en estanterías convencionales. Son idóneas en almacenes de tipo convencional con pasillos amplios, patios exteriores, o en operaciones mixtas interior-exterior (por eso las diésel o gas se usan en patios y las eléctricas en interiores). Su robustez y rapidez las hacen pilar fundamental de la manutención tradicional. Sin embargo, en estanterías de pasillo estrecho o gran altura, estas carretillas no son eficaces debido a su radio de giro amplio y altura limitada.

C. Carretillas retráctiles

Diseñadas específicamente para pasillos más estrechos (2.7–2.8 m típicamente) y para alcanzar mayores alturas. Se llaman retráctiles porque su mástil puede retraerse hacia atrás tras tomar la carga, reduciendo la longitud efectiva del equipo al girar. Operan únicamente en interiores (son eléctricas) y ofrecen gran estabilidad en altura con perfiles de mástil muy robustos. Las horquillas recogen y colocan palets dentro de los estantes con precisión.

Estas carretillas son ideales en almacenes con estanterías selectivas de gran altura o de doble profundidad, donde se aprovecha su elevación superior y, en caso de doble fondo, van equipadas con horquillas telescópicas. Requieren suelos muy planos para seguridad en altura. Comparadas con las frontales, no son aptas para terreno irregular ni exteriores.

Fig. 11. De izquierda a derecha, se observan dos apiladores eléctricos de conductor acompañante o montado, ideales para almacenes pequeños y estanterías de altura media; y dos carretillas retráctiles, diseñadas para operar en pasillos más estrechos y alcanzar alturas elevadas

D. Carretillas de pasillo muy estrecho (VNA) – trilaterales/bilaterales

Son equipos diseñados para operar en pasillos muy estrechos (1.5–1.8 m), maximizando la capacidad del almacén. Su particularidad es el cabezal giratorio de horquillas: una carretilla trilateral puede tomar palets de frente o depositarlos a ambos lados sin girar el chasis (las horquillas giran 90º a izquierda y derecha), mientras que una bilateral toma solo por un lado (generalmente derecho).

Estas máquinas generalmente llevan al operario en cabina elevada (man-up) que sube al nivel de pickeo, aunque existen versiones man-down (operador abajo, manejo automático de horquillas a altura). Son esenciales para estanterías tipo **VNA** o sistemas automáticos donde se integran transelevadores.

Las trilaterales garantizan alta productividad en pasillos estrechos, pero requieren guiado (vías en el suelo o rieles) para evitar choques con estanterías. Este tipo de carretilla es la única opción manual viable para pasillos de menos de 1.8 m, por lo que almacenes de alta densidad como los centros de distribución de empresas de consumo suelen adoptarlas.

Fig. 12. Aunque la inversión en una carretilla trilateral para pasillos estrechos es mayor, permiten aprovechar volumen cúbico al máximo manteniendo acceso selectivo a cada palet

E. Carretillas especializadas

En esta categoría entran equipos diseñados para casos de uso específicos:

- **Carretillas laterales (Side-loaders):** ya mencionadas para cargas largas. Son imprescindibles en almacenes de perfiles metálicos, tubos, tableros o maderas largas. Circulan en pasillos relativamente estrechos cargando el material longitudinalmente, y suelen alcanzar alturas moderadas (6–8 m). Garantizan seguridad al mover cargas que, con una carretilla frontal común, serían difíciles de girar o introducir en cantiléver.

- **Carretillas todoterreno y telescópicas:** usadas más en obras o almacenes de materiales de construcción al aire libre. Pueden manejar palets en terrenos irregulares (ej. patios de materiales) y apilar a cierta altura. No son frecuentes en logística de almacenes estándar, pero empresas de construcción en España las usan para cargar palets de ladrillos, sacos, etc., en almacenes exteriores.

Fig. 13. La carretilla telescópica todoterreno tiene la capacidad para acoplar distintos accesorios, como horquillas, cucharas o grúas —en este caso, está usando una eslinga para mover una carga pesada y alargada

- **Tractores de arrastre y trenes logísticos:** vehículos tipo tractores eléctricos que tiran de remolques o *trolleys*. Muy comunes en entornos industriales (automoción) para suministro a líneas, pero en almacenes también se usan para mover grandes cantidades de bultos o pedidos agrupados.

Fig. 14. El tractor de arrastre eléctrico es fundamental en fábricas y almacenes con alto flujo interno de mercancía

- **Carretillas automáticas (AGV forklifts):** Son versiones robotizadas de las carretillas anteriores (contrapesadas, retráctiles o trilaterales) que navegan automáticamente sin conductor. Aunque las veremos en detalle más adelante, cabe mencionar que empresas punteras están empezando a implementarlas para tareas repetitivas de traslado de palets.

Fig. 15. La carretilla automática tipo AGV (Automated Guided Vehicle) se utiliza cada vez más en almacenes modernos para realizar tareas repetitivas

Saber más

Cada tipo de carretilla exige que el almacén cumpla ciertas condiciones (anchura de pasillos, firme del suelo, altura libre) y, a la vez, cada sistema de almacenaje tiende a recomendar un tipo de carretilla óptimo. Por ejemplo, en estanterías convencionales de pasillo estándar, lo más común es usar carretillas contrapesadas si el pasillo es ≥3.5 m (por su velocidad y trabajo mixto interior-exterior) o carretillas retráctiles si el pasillo es alrededor de 2.7 m y alturas >7 m (por su alcance vertical). Para sistemas compactos drive-in, las carretillas frontales también se emplean, pero suelen ser modelos de menor tamaño o mástil más bajo para entrar en las galerías; alternativamente se usan retráctiles robustas si caben en las calles. En pasillos estrechos (VNA) con estanterías altas, prácticamente es obligatorio el uso de trilaterales guiadas (o automatizar con transelevadores).

En cantilever para cargas largas, las carretillas laterales son la solución recomendada, pues agilizan el flujo de perfiles largos de forma segura. Para la carga de camiones en muelle, las contrapesadas (eléctricas o térmicas) y transpaletas eléctricas de conductor montado son estándar. En tareas de preparación de pedidos (picking), se emplean equipos específicos llamados preparadoras de pedidos u *order pickers*: son versiones de carretilla donde el operario va subido y puede elevarse a distintos niveles de la estantería para recoger cajas/piezas. Hay preparadoras de bajo nivel (*picking* en primer/segundo nivel) y de alto nivel (el operario sube 8-10 m).

2. Análisis de la tecnología disponible para la realización de las tareas de picking en un almacén:

La preparación de pedidos (*order picking*) es la operación del almacén donde se seleccionan artículos de las ubicaciones de almacenaje para satisfacer pedidos de clientes o reaprovisionamiento de tiendas. Es una de las actividades más intensivas en mano de obra y tiempo dentro de la logística, por lo que la tecnología aplicada al *picking* ha avanzado notablemente buscando aumentar velocidad, precisión y ergonomía.

A continuación, se analizan los sistemas disponibles, sus principios de funcionamiento y ejemplos de su uso actual, incluyendo nuevas tendencias aplicables.

2.1. Diferentes sistemas de picking: Hombre a producto o producto a hombre

En un almacén convencional, el método más tradicional ha sido *"hombre al producto"*, en el cual el operario se desplaza físicamente por los pasillos hasta las ubicaciones donde se encuentran los productos requeridos.

Las mercancías permanecen estáticas en sus estanterías y es el preparador quien va hacia ellas, de ahí el nombre. Por ejemplo, en un centro de distribución de un supermercado, un preparador con su transpaleta recorre varios pasillos tomando cajas de diferentes estantes para componer el pedido de una tienda; el producto no se mueve de su sitio hasta que el trabajador lo recoge. Este sistema conlleva tiempo en traslados y es propenso a errores si se hace de forma manual (dependiendo de la memoria o notas del operario). No obstante, es simple y flexible, por lo que sigue siendo común, apoyado en tecnologías básicas como listas impresas o terminales de radiofrecuencia para guiar al operario.

En contraste, las soluciones de *"producto al hombre"* invierten la dinámica: aquí el operario permanece en un puesto fijo de picking y son los productos los que se mueven automáticamente hasta él. Esto implica un almacenaje dinámico donde las referencias están en contenedores, bandejas o estantes móviles que un sistema mecanizado acerca al preparador según lo solicitado. El trabajador recibe las unidades necesarias de cada producto sin tener que caminar por el almacén, lo que reduce al mínimo sus desplazamientos y mejora la ergonomía (el puesto de picking se diseña a altura cómoda, con ayudas como mesas elevadoras).

Son métodos típicamente asociados a la automatización: por ejemplo, mini-loads (transelevadores para cajas), carruseles (sistemas rotativos horizontales o verticales de estanterías), shuttles y robots móviles que traen la mercancía. Estas soluciones producto al hombre maximizan el rendimiento de preparación y minimizan errores, aunque requieren mayor inversión en tecnología y suelen destinarse a altos volúmenes de pedidos o a necesidad de rapidez extrema.

Fig. 16. Los almacenes robotizados optimizan la gestión logística mediante sistemas automáticos que agilizan el movimiento, almacenamiento y recuperación de mercancías

En los almacenes robotizados en España, Amazon emplea cientos de robots móviles que transportan estanterías modulares (llamadas pods) hasta los puestos donde los empleados recogen los productos para los pedidos. Automatizar la tarea de traer el producto elimina pasillos y aumenta la capacidad de almacenamiento por metro cuadrado, al no requerir espacio para que caminen los operarios. Además, la velocidad de preparación se incrementa dramáticamente: en el centro robotizado de Amazon en El Prat (Barcelona), un pedido típico se puede preparar en apenas 15 a 70 minutos desde que es confirmado, priorizando la máxima eficiencia en el mínimo espacio.

2.2. Diferentes tecnologías de picking utilizadas actualmente

Ya sea en esquemas *hombre-producto* o *producto-hombre*, la gestión moderna del picking se apoya en diversas tecnologías informáticas y dispositivos que guían al operario, validan las extracciones y minimizan errores.

Entre las tecnologías actuales (muchas de ellas consolidadas en la última década en almacenes españoles) destacan:

- **Radiofrecuencia (RF) con código de barras:** Es la evolución del papel y bolígrafo. Consiste en dotar a los preparadores de terminales móviles (handhelds) o montados en vehículos, conectados vía WiFi al SGA, que les indican en tiempo real las órdenes de picking. El operario escanea códigos de barras de ubicaciones y productos para confirmar que recoge el ítem correcto y la cantidad ordenada. Este sistema, implementado en la mayoría de almacenes medianos y grandes, guía al usuario en todas las operaciones paso a paso, reduciendo movimientos innecesarios y errores.

Sus ventajas incluyen: eliminación del papel (el terminal muestra la lista de tareas), optimización de rutas (el **SGA** suele secuenciar las órdenes por un recorrido eficiente) y actualización inmediata del inventario tras cada recogida.

Por ejemplo, en almacenes de operadores logísticos en España (como DHL Supply Chain para sectores farmacéuticos o textiles) es estándar que cada picker lleve un dispositivo RF con scanner. Este le dice: "Ir a ubicación A-3-2, tomar 5 unidades del producto X, confirmarlo escaneando la ubicación y el producto". Así se asegura trazabilidad y stock actualizado permanentemente. La RF ha sido prácticamente el "mínimo" tecnológico del picking en los últimos años, aunque empieza a verse superada por métodos manos libres como voz o visión.

Fig. 17. En el sistema de picking con radiofrecuencia (RF) las trabajadoras utilizan terminales portátiles para escanear productos y ubicaciones, lo cual les permite seguir instrucciones de forma digital en tiempo real

Anotación

No hay que olvidar que detrás de cualquier tecnología de picking está el Software de Gestión de Almacenes (SGA) que administra y orquesta todo. Un SGA moderno optimiza qué pedidos se preparan juntos (liberación de oleadas, batch picking), por dónde debe moverse cada picker (cálculo de rutas mínimas), cuándo reabastecer las ubicaciones de picking desde reserva, etc. Herramientas añadidas como módulos de Slotting (ubicación óptima de cada SKU según su rotación) o sistemas de gestión laboral (LMS) ayudan a hacer más eficiente la tarea incluso sin cambiar dispositivos físicos. Por ejemplo, el SGA puede asignar automáticamente zonas de picking por operario para que trabajen en paralelo sin interferirse, o sugerir recolocar un artículo que ahora se pide mucho a una estantería más accesible mejorando la ergonomía.

- **Sistemas Pick-to-Light:** En entornos de picking intensivo, sobre todo de productos pequeños y alta velocidad (por ejemplo, picking de piezas en comercio electrónico o en repuestos), se emplean sistemas luminosos. El *pick-to-light* instala *displays* con LEDs numéricos en cada ubicación de picking en las estanterías; cuando un pedido requiere artículos de esa posición, el *display* se ilumina e indica la cantidad a recoger. El operario simplemente sigue las luces encendidas en su zona: va a cada ubicación iluminada y toma la cantidad mostrada, confirmando la acción (pulsando un botón). Este método guía visualmente al preparador de forma muy ágil, evitando tener que leer listas o pantallas portátiles. La identificación visual es inmediata, aumentando la velocidad de preparación especialmente en productos A/B de alta rotación.
Además, el sistema reporta cada confirmación al SGA (Sistema de Gestión de Almacenes), manteniendo inventario exacto en tiempo real. Típicamente se combina con transportadores que llevan los contenedores o pedidos de una zona a otra, configurando estaciones muy productivas para grandes volúmenes.

Su principal limitación es el coste de instalar *displays* en cada SKU y la rigidez ante cambios de surtido, pero donde se justifica (muchas líneas por pedido, baja variabilidad de ubicaciones) ofrece gran rendimiento con casi cero errores.

Anotación

Los displays en logística son pantallas o indicadores luminosos que se colocan en las estanterías de picking, especialmente en sistemas pick-to-light.

- **Sistemas Voice Picking (picking por voz):** Es una de las tecnologías estrella en almacenes de distribución en los últimos años, por su simplicidad y mejora ergonómica. Consiste en equipar al operario con una diadema de auriculares y micrófono conectada al SGA mediante un pequeño terminal portátil. El sistema convierte las órdenes de preparación en instrucciones de voz que el operario escucha en su idioma por los auriculares. Por ejemplo: "Ve a ubicación B-2-4; recoge 3 unidades del producto Y". El operario confirma hablando (usualmente dice un código de verificación de la ubicación o la cantidad) y esa información retorna al sistema automáticamente.

De este modo se cierra el ciclo: el SGA valida y envía la siguiente orden. Ventajas: el *voice picking* libera las manos y la vista del trabajador, permitiéndole concentrarse en manipular los productos de forma segura mientras recibe instrucciones auditivas. Esto incrementa la velocidad de picking y precisión, ya que se eliminan pausas para consultar pantallas o papeletas.

Saber más

Estudios muestran mejoras de productividad notables y prácticamente desaparición de errores de lectura. Además, ergonómicamente es superior: el operario no tiene que sostener un terminal, evitando "malabares" al manejar mercancía pesada, lo que reduce daños en productos y riesgos laborales.

Fig. 18. En el sistema de picking por voz la diadema con micrófono y terminal portátil permite al operario recibir instrucciones auditivas del SGA y confirmar las tareas verbalmente, dejando las manos libres para manipular mercancías con mayor rapidez y seguridad

- **Identificación por RFID:** Si bien la tecnología RFID (identificación por radiofrecuencia) no se usa típicamente para guiar al operario en el picking, sí es un apoyo en ciertas operaciones de verificación.

Algunos almacenes equipan estanterías o zonas de *packing* con lectores **RFID** para confirmar automáticamente la retirada o colocación de ítems sin necesidad de escaneo manual.

Por ejemplo, en sistemas put-to-light avanzados, se pueden etiquetar los contenedores con tags RFID para que al depositar un producto, un lector valide que es el contenedor correcto. Algunas empresas han adoptado masivamente RFID en su logística, por ejemplo: cada prenda lleva un chip RFID, de modo que preparar pedidos de tienda (cajas con surtidos de ropa) es más rápido y con control automático de contenido – una vez completada la caja, se pasa por un arco RFID que lee al instante todas las prendas dentro, comprobando que coinciden con el pedido. Esto ahorra tiempo de escaneo unidad por unidad y reduce errores.

Otra aplicación es el recuento de inventario en *picking*: un operario con una pistola RFID puede hacer un *sweep* rápido por la estantería para saber cuántas unidades quedan, sin tener que ver o contar físicamente cada una, lo que mantiene la conectividad en tiempo real del stock.

Anotación

Hacer un *sweep* (barrido), en el contexto de tecnología RFID en almacenes, significa pasar con un lector RFID por delante de las estanterías para leer todas las etiquetas que hay en ese rango.

2.3. Tecnologías de picking innovadoras y nuevas tecnologías aplicables

Más allá de las tecnologías ya ampliamente difundidas, surgen nuevas soluciones de vanguardia que están llevando la preparación de pedidos a niveles aún más eficientes, integrándose plenamente en el paradigma de Industria 4.0.

Entre las tendencias innovadoras destacan:

- **Picking asistido por realidad aumentada (Visual Picking):** Consiste en el uso de gafas inteligentes o dispositivos de Realidad Aumentada (AR) para guiar al preparador mediante indicaciones visuales superpuestas en su campo de visión. El operario, al usar las gafas, ve el almacén real pero con capas de información digital: flechas que le indican hacia qué estantería caminar, resaltado gráfico del producto que debe recoger y la cantidad, etc.

  Además, puede confirmar la acción mediante diferentes modos (un gesto, un comando de voz o un botón en las gafas). Este *visual picking* combina lo mejor de *pick-to-light* y *voice picking*, sin necesidad de instalaciones fijas: las instrucciones aparecen directamente en los ojos del operario, quien trabaja con manos libres y sin consultar listas ni pantallas externas.

  Las ventajas son notables: velocidad (información inmediata y precisa de un vistazo), reducción de errores (es menos probable equivocarse de artículo si se ve resaltado cuál es), y también flexibilidad idiomática o de entrenamiento (con mínimos conocimientos, un trabajador puede seguir las señales visuales intuitivamente).

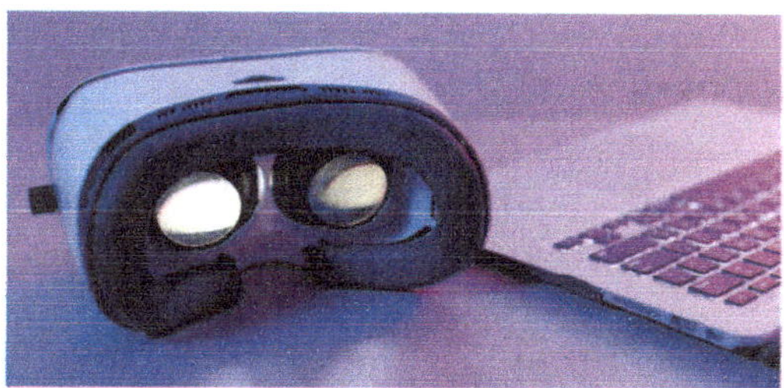

Fig. 19. Las gafas de realidad aumentada utilizadas en procesos de visual picking permiten al operario recibir instrucciones directamente en su campo de visión mientras mantiene las manos libres para manipular los productos

DHL fue pionera, realizando pruebas de gafas inteligentes para picking en sus centros europeos (incluido alguno en España); los resultados mostraron mejoras de productividad de hasta un 25 % y alta aceptación de los empleados. En 2019 DHL Supply Chain anunció la implantación global de estas gafas tras pilotos exitosos, destacando que su uso es intuitivo, facilita localizar productos rápidamente y genera índices altos de aprobación entre los empleados.

SEUR (GeoPost) menciona el sistema de Ocado como "colmena" autoorganizada con miles de robots y cajas moviéndose (lo cual es AR a nivel de sistema, aunque no gafas para personas), y se refieren a pruebas en China con pequeños robots móviles y clasificadores automáticos. Amazon también ha explorado AR: si bien su enfoque principal son robots, hay patentes y desarrollos de interfaz AR para sus empleados de almacén.

Los desafíos de AR incluyen el coste y la necesidad de acostumbrar la vista a la información constante (puede ser cansado tras muchas horas), pero se espera que, con dispositivos más ligeros y software más pulido, esta tecnología se masifique.

- **Robótica de picking automático (piece-picking robots):** Tradicionalmente, los robots en almacenes se ocupaban de mover unidades de carga completas (palets, cajas). La nueva frontera es lograr que brazos robóticos con visión artificial sean capaces de recoger unidades individuales (productos sueltos) de sus ubicaciones para preparar pedidos. Esto es complejo por la variabilidad de tamaños, formas y texturas de productos, pero se están logrando avances con inteligencia artificial. Un ejemplo es el brazo robótico Sparrow de Amazon, presentado en 2022, capaz de identificar y manejar millones de ítems distintos para clasificarlos en pedidos.

Fig. 20. El sistema automatizado de picking con brazos robóticos está diseñado para manipular y clasificar mercancías en entornos logísticos de alto rendimiento sin intervención humana directa

Saber más

En España, el centro logístico automatizado de Mercadona en Alicante para perecederos utiliza robots de la empresa Cimcorp que manipulan cajas de frutas y verduras, preparando palets de tiendas a gran velocidad. Estos robots con ventosas y garras cogen las cestas de fruta y las colocan según los pedidos, reduciendo tiempos y errores humanos, y priorizando la frescura (objetivo de Mercadona: del campo a la tienda en 24 h).

Fig. 21. El dron logístico es un ejemplo de innovación avanzada en el marco del Almacén 4.0 y la logística aérea automatizada

- **Vehículos autónomos colaborativos para picking (AMR asistentes):** Otra tendencia es usar robots móviles autónomos como asistentes del *picker* humano. Por ejemplo, *autonomous mobile robots* (AMR) que acompañan al operario por el almacén: éste no tiene que empujar un carro, sino que el robot le sigue cargando el contenedor del pedido, o incluso va por delante optimizando la ruta. Cuando el pedido está completo, el robot se dirige solo a expedición y otro robot vacío acude al operario para continuar con un nuevo pedido. Esto se ha ensayado en almacenes de moda y juguetería en EE. UU. y Europa, reduciendo la fatiga del personal y aumentando la cantidad de líneas recogidas por hora.

Fig. 22. El robot móvil autónomo (AMR) utilizado como asistente en tareas de picking acompaña al operario por el almacén y transporta automáticamente los pedidos hasta la zona de expedición

En España su adopción es incipiente, es de esperar que en los próximos años veamos más robots colaborativos en almacenes españoles, sobre todo ante la necesidad de gestionar picos de comercio electrónico (Black Friday, Navidades) sin multiplicar temporalmente la plantilla.

- **Integración IoT y Big Data en el picking:** Por último, la tendencia general es conectar todos estos dispositivos (escáneres, *voice*, robots, estanterías inteligentes) para recopilar datos masivos de la operativa. La integración del Internet de las Cosas (IoT) en la logística está transformando profundamente la forma en que se gestionan los almacenes y las cadenas de suministro. El IoT permite conectar dispositivos físicos, como sensores, etiquetas RFID, estanterías inteligentes, vehículos autónomos o cintas transportadoras, con sistemas digitales que recopilan, procesan y analizan datos en tiempo real.

Gracias a esta conectividad, es posible conocer de forma automática el estado del inventario, la ubicación exacta de un producto, la temperatura de un área de almacenamiento o la eficiencia de una ruta de *picking*.

Anotación

Los datos generados por estos dispositivos permiten optimizar la toma de decisiones, detectar incidencias de forma anticipada (como una rotura de stock o un fallo en una máquina) y automatizar tareas como el reabastecimiento o la asignación de recursos.

Fig. 23. El IoT convierte el almacén en un entorno dinámico, conectado e inteligente, capaz de adaptarse rápidamente a los cambios del mercado y de mejorar significativamente la eficiencia operativa

Con Big Data e IA, se pueden detectar cuellos de botella, predecir qué productos se pedirán más (y reubicarlos antes de que ocurra el pico), o incluso activar reabastecimientos automáticos en tiempo real cuando un *pick* reduce el stock de una ubicación por debajo de cierto umbral (activando la reposición vía AGV, por ejemplo).

La conectividad es clave: redes WiFi/5G robustas en almacenes, sensores IoT en estanterías (como sensores de peso que detectan que ya casi no quedan piezas en un contenedor, enviando aviso al SGA), y plataformas en la nube que permiten visualizar en tiempo real cada pedido en preparación, asignando recursos dinámicamente.

Un SGA moderno en 2025 no solo envía órdenes de picking, sino que se comunica con sistemas de transporte (por ejemplo, una cinta transportadora que sabe a qué pedido dirigir cada paquete), con vehículos autónomos (llama a un AGV para recoger un contenedor lleno) y con sistemas de realidad aumentada (envía inmediatamente la nueva tarea a las gafas del trabajador). Todo esto convierte al almacén en un ente altamente conectado, prácticamente en tiempo real, lo que constituye el núcleo del concepto de "Almacén 4.0".

El picking se beneficia hoy de una combinación de tecnologías emergentes que lo hacen más rápido, preciso y seguro. Las tendencias apuntan a un almacén cada vez más automatizado y digitalizado, donde la interacción humana se reserva para tareas de supervisión o valor añadido, mientras que la labor repetitiva de búsqueda y recolección la asumen sistemas inteligentes. Esto no significa eliminar al operario, sino empoderarlo con herramientas: un preparador de pedidos en 2025 en un almacén español puede estar usando gafas AR y recibiendo ayuda de un robot seguidor, muy lejos de aquel preparador de 2005 con su carrito y lista en papel. La meta final es lograr una logística ágil, sin errores y capaz de absorber picos de demanda sin sacrificar la salud de los trabajadores ni la calidad del servicio.

3. Identificación de procesos automatizados que se emplean hoy en día para una gestión más eficiente y productiva en almacenes:

La automatización en almacenes no se limita a la preparación de pedidos, sino que abarca muchos procesos operativos: recepción, almacenaje, reposición, consolidación, expedición, etc. En este epígrafe identificaremos algunos de los procesos automatizados clave que se emplean hoy en día para lograr almacenes más eficientes y productivos, considerando tanto los conceptos teóricos que los sustentan como las herramientas de gestión involucradas y diferentes alternativas de solución a problemas comunes.

3.1. Determinación de los conceptos teóricos a aplicar en la solución de los problemas planteados

Al automatizar y optimizar un almacén, se ponen en práctica varios conceptos teóricos de gestión y metodologías provenientes de la ingeniería industrial y la gestión de la cadena de suministro.

Algunos de los más importantes son:

- **Flujo y eliminación de despilfarros (Lean Warehousing):** Aplicando principios *lean*, se busca eliminar todo aquello que no agrega valor en las operaciones del almacén: recorridos innecesarios, esperas, excesos de stock en zonas intermedias, movimientos redundantes, etc.

  La automatización suele inspirarse en esto, por ejemplo, mediante *layouts* eficientes (flujo continuo de recepción a expedición), sistemas *just-in-time* para reaprovisionar *picking* solo cuando es necesario, y reducción de manipulaciones (idealmente, tocar un producto las menos veces posible desde que entra hasta que sale).

  Un almacén eficiente está diseñado para minimizar los 7 despilfarros clásicos (sobreproducción, tiempos de espera, transporte, exceso de procesos, inventario excesivo, movimientos, defectos) adaptados al entorno logístico.

- **Capacidad vs. throughput (análisis de cuellos de botella):** Un almacén es un sistema con múltiples etapas (recepción, almacenamiento, *picking*, empaque, expedición). La teoría de colas y la teoría de restricciones enseñan que la productividad global la define el cuello de botella más lento. Automatizar detecta y trata de ampliar esos cuellos.

Por ejemplo, si el cuello es la expedición (camiones esperando carga), se puede automatizar la clasificación y paletizado final. Si es el picking, se añaden estaciones o robots para acelerar esa parte.

Un concepto teórico aplicado es la simulación de flujos: antes de automatizar, muchas empresas simulan digitalmente el almacén (*modelo Digital Twin*) para identificar dónde se forman colas.

- **Productividad y análisis de tiempos:** La automatización apalanca estudios de tiempos y movimientos. Conceptos como ergonomía y fatiga se cuantifican y se emplean para justificar robots en tareas penosas.

  Un concepto teórico aquí es la prevención de riesgos laborales unida a eficiencia: se reconoce que un trabajador descansado y seguro es más productivo. Por tanto, las soluciones se piensan para reducir esfuerzos: transportadores a altura de cintura (evitando agacharse), puestos de *packing* con mesas inclinables, ritmos de trabajo nivelados para evitar picos de sobrecarga. Los exoesqueletos mencionados, por ejemplo, parten de teorías biomecánicas que reducen el estrés en la zona lumbar en un determinado porcentaje, aumentando la capacidad de trabajo sostenido sin lesiones.

- **Conectividad e información en tiempo real (Industry 4.0):** Un almacén automatizado aplica la teoría de sistemas ciber-físicos conectados. Cada sensor y máquina genera datos que retroalimentan el sistema para tomar decisiones al instante (ejemplo: un SGA ve que un AGV tarda más de lo normal en una ruta → puede redistribuir tareas a otros AGVs, o notificar mantenimiento predictivo).

  Se aplica la teoría del control: algoritmos PID o lógicos para asegurar flujos constantes en clasificadores y *conveyors*, por ejemplo, manteniendo espacios entre cajas para evitar atascos. También la teoría de grafos en la optimización de rutas de vehículos o *picking* (resolver "el viajante" del *picker*).

3.2. Identificación de las herramientas de gestión empleadas en los casos prácticos

Cuando hablamos de herramientas de gestión en almacenes automatizados, nos referimos principalmente al software y sistemas informáticos que dirigen y coordinan las operaciones, así como a metodologías de gestión que se aplican en la práctica.

Algunas de las herramientas más destacadas usadas en casos reales son:

- **Sistema de Gestión de Almacenes (SGA/WMS):** Es el cerebro del almacén. Un SGA es un software que controla, coordina y optimiza todos los movimientos y procesos del almacén (entradas, ubicaciones, stock, salidas, etc.). En un entorno automatizado, el SGA además se integra con los controladores de maquinaria (WCS – *Warehouse Control System* o directamente PLCs) para orquestar transportadores, transelevadores, robots, etc.

  Las funciones clave son:
  - Gestionar entradas (asignar ubicaciones óptimas, registrar características).
  - Gestión de ubicaciones (lógica de almacenamiento: por familia, rotación, etc.).
  - Control de stock en tiempo real.
  - Gestión de pedidos y salidas.
  - Reposiciones internas.
  - Inventarios cíclicos, entre otras.

  Un SGA avanzado también incorpora módulos de optimización (por ejemplo, algoritmos para definir qué ubicación es la "óptima" para cada palet, en función de rotación **ABC** o dimensiones – *slotting*).

Anotación

Los controladores de maquinaria, como los WCS (Warehouse Control System) o los PLCs (Controladores Lógicos Programables), son sistemas encargados de coordinar y ejecutar en tiempo real los movimientos físicos dentro de un almacén automatizado. Actúan como el "cerebro operativo" que traduce las órdenes del sistema de gestión del almacén (SGA) en acciones concretas sobre los equipos: activan cintas transportadoras, dirigen transelevadores, controlan robots de picking o gestionan la secuencia de carga y descarga. Mientras que los PLCs están más centrados en el control directo de cada máquina, el WCS opera como una capa intermedia que orquesta múltiples dispositivos, asegurando que todo funcione de forma sincronizada, eficiente y sin colisiones dentro del entorno logístico.

- **Sistemas de identificación automática (AIDC):** Engloban códigos de barras, RFID, visión artificial. Son herramientas críticas para gestionar flujos sin errores:

cada palet, caja o producto lleva una identificación legible por máquinas. En casos prácticos: Amazon coloca códigos de barras únicos a cada contenedor y ubicación en sus centros, de modo que los sensores y cámaras confirman cada transferencia; Inditex, como se ha mencionado, usa RFID para controlar más de mil millones de prendas en su circuito, logrando visibilidad total de inventario en tienda y almacén.

Otra herramienta emergente son los códigos 2D (QR, Datamatrix) impresos en etiquetas logísticas, que almacenan más información (lote, caducidad, etc.) en formato compacto para que dé un solo escaneo el sistema registre múltiples datos de una caja.

Fig. 24. Los códigos 2D, como el QR o Datamatrix, permiten almacenar gran cantidad de información en poco espacio

- **Software de control de transporte interno (WCS):** En grandes almacenes automatizados, además del SGA que decide el qué y dónde, suele haber un sistema de control que maneja el cómo físico: arrancar cintas, desviar cajas por sorteadores, mover *shuttle* a tal carril, etc. Es el WCS (*Warehouse Control System*) o incluso sistemas PLC/SCADA tradicionales.

Desde la perspectiva de gestión, es una herramienta que traduce las órdenes del SGA a comandos de máquina y a su vez informa del estado (por ejemplo: "palet XYZ almacenado en estantería posición A3-5 mediante transelevador 2").

- **Sistemas de gestión de flotas AGV/AMR:** Cuando se emplean vehículos autónomos, viene acompañado de un *Fleet Management System* específico. Herramientas que asignan tareas a cada AGV, calculan rutas evitando congestión y colisiones, monitorizan batería, etc.

Por ejemplo, en un almacén automatizado de componentes de automóvil con 10 AGVs, un software central se encarga de despachar "ve por palet en zona A y llévalo a producción" al AGV más cercano con batería suficiente, optimizando así la flota. Este software se integra a su vez con el SGA (que sabe qué mover) y con sensores en el entorno (puertas automáticas, semáforos en cruces internos).

- **Tecnologías de comunicación y redes:** No es visible a simple vista, pero una herramienta fundamental es una infraestructura de conectividad robusta: redes WiFi industriales de baja latencia, o incluso despliegue de redes 5G privadas en almacenes.

- **KPIs y cuadros de mando (dashboards):** Una vez gestionado el almacén con SGA y automatizado, se disponen de muchísimos datos. Las herramientas de *Business Intelligence* permiten a los gestores visualizar KPI clave: líneas preparadas por hora, % de ocupación de estanterías, rotación de inventario, tiempo medio de ciclo de pedido, errores, accidentes, etc. Tener un cuadro de mando en tiempo real es esencial para la mejora continua.

A continuación, se presentan algunos casos prácticos:

- **Amazon:** Emplea un ecosistema propietario de software muy avanzado; su SGA central gestiona stock e interactúa con softwares especializados: uno para gestión de los robots Kiva (lo que sería su WCS de robots), otro para la optimización de empaquetado (decidir tamaño de caja óptimo para cada pedido), algoritmos de asignación de pedidos a almacenes (a nivel global). Como herramienta de gestión notable, Amazon usa intensivamente simulación y analítica – cada año prueban en simulaciones cómo pequeños cambios impactan en millones de pedidos, y luego despliegan ajustes.

- **Mercadona:** Confía en proveedores líderes: Witron le proporciona no solo maquinaria sino el software de gestión integral para esos almacenes automáticos. Además, Mercadona integra todo con su sistema SAP para tener visibilidad de la cadena completa. Seguramente emplean también SGA propios en bloques no automatizados.

- **SEUR/DHL:** Además del SGA (a menudo Manhattan o SAP EWM), integran sistemas TMS (gestión de transportes) para enlazar almacén con rutas de distribución. Por ejemplo, DHL con su estrategia *end-to-end* integra el WMS con el sistema de optimización de rutas de reparto, así los paquetes salen del almacén ya secuenciados en orden de reparto óptimo.

3.3. Análisis de diferentes alternativas de solución ante un mismo problema de gestión de almacenes

Al abordar una mejora en la gestión de un almacén, pueden considerarse múltiples alternativas que van desde soluciones tradicionales hasta opciones altamente tecnológicas. Cada una presenta ventajas e inconvenientes, por lo que es fundamental evaluar cada caso en función del contexto operativo y los objetivos estratégicos.

Fig. 25. Los almacenes de última generación integran tecnología automatizada para reducir errores y mejorar la eficiencia global del proceso logístico

A continuación, se analizan varios problemas comunes en la operativa de almacenes, comparando posibles soluciones convencionales y avanzadas, con ejemplos reales que ilustran su aplicación práctica.

A. Problema 1: Aumentar la capacidad de almacenamiento sin ampliar instalaciones

Una solución tradicional consiste en optimizar el espacio existente mediante sistemas de almacenaje compactos, como estanterías *drive-in*, *push-back* o estructuras móviles. Estas opciones permiten ganar espacio útil, especialmente para productos de baja rotación, llegando a incrementar hasta un 80 % la capacidad de ciertas zonas sin modificar la superficie construida.

En contraste, una alternativa tecnológica más avanzada es la automatización en altura mediante la construcción de un almacén autoportante. Este tipo de instalación utiliza todo el volumen vertical disponible, permitiendo una densidad de almacenaje mucho mayor. Aunque requiere una inversión inicial elevada, su rendimiento y velocidad compensan en escenarios con alta rotación o gran número de referencias.

La decisión entre una u otra dependerá del tipo de mercancía, del presupuesto disponible y de los objetivos de productividad. Mientras que las estanterías *drive-in* funcionan bien con mercancías homogéneas y baja necesidad de acceso selectivo, los sistemas autoportantes resultan más eficaces cuando se gestiona un gran volumen de productos diversos o se busca automatización completa.

B. Problema 2: Incrementar la velocidad de preparación de pedidos (reducir el tiempo de ciclo)

Desde un enfoque tradicional, una opción es aumentar el personal disponible o reorganizar los turnos para que varios trabajadores preparen pedidos en paralelo. También se puede dividir el almacén en zonas y asignar a cada operario una parte del pedido, que luego se consolida. Aunque mejora la velocidad, esta solución implica mayores costes laborales y puede aumentar la complejidad operativa.

Por el contrario, una alternativa tecnológica es implantar un sistema *goods-to-person*, como robots móviles o transelevadores, que llevan los productos al operario. Esta solución permite multiplicar el rendimiento por persona y reducir recorridos innecesarios, alcanzando hasta 300 líneas por hora frente a las 50 que suele lograr un preparador manual.

Existe una opción intermedia, basada en tecnologías *wearable* como el *voice picking* o el *pick-to-light*. Estas herramientas permiten aumentar la productividad entre un 15 % y un 30 % sin necesidad de incorporar nuevos trabajadores. Esta alternativa es especialmente útil cuando se busca una mejora progresiva y controlada, antes de dar el salto a sistemas completamente robotizados.

C. Problema 3: Disminuir el esfuerzo físico y mejorar las condiciones laborales en tareas pesadas

La opción tradicional frente a este problema es organizar rotaciones entre tareas, programar pausas activas y ofrecer formación en técnicas de manipulación segura. Aunque necesarias, estas medidas no eliminan la carga física acumulada.
Una alternativa mecánica es introducir ayudas como mesas elevadoras automáticas, transpaletas eléctricas o carros con asistencia motorizada. Estas herramientas reducen el esfuerzo físico sin requerir una automatización completa.

En un nivel más avanzado, pueden instalarse robots paletizadores o despaletizadores que se encarguen de las tareas más exigentes. Este tipo de automatización ya se encuentra presente en centros logísticos de cadenas de supermercados, donde los robots gestionan automáticamente cajas de productos voluminosos como bebidas. También están emergiendo los exoesqueletos, estructuras externas que reducen el esfuerzo físico del trabajador al manipular cargas. Algunas empresas en España han probado estos dispositivos en tareas logísticas exigentes, obteniendo buenos resultados en la reducción de la fatiga.

La elección depende de la frecuencia y el volumen de trabajo físico. Si las tareas pesadas son puntuales, puede bastar con una buena rotación y ergonomía básica; si son intensivas y continuas, la automatización resulta más adecuada a largo plazo.

D. Problema 4: Mejorar la rapidez y exactitud del registro de entradas y salidas (trazabilidad de inventario)

El enfoque tradicional ante este reto se basa en controles manuales más estrictos, como conteos físicos en recepción y verificaciones constantes con albaranes. Aunque relativamente sencillo, este método es lento y propenso a errores humanos.

Una alternativa tecnológica consiste en utilizar lectores de códigos de barras o sistemas RFID para registrar automáticamente los movimientos de mercancías. Esta tecnología permite, por ejemplo, escanear todo un palet en cuestión de segundos sin necesidad de manipulación manual individual.

Desde una perspectiva de proceso, también es posible implantar *cross-docking*, que consiste en no almacenar ciertos productos, sino redistribuirlos directamente a su destino final en cuanto llegan. Esto reduce pasos intermedios y acelera el flujo, aunque requiere una planificación muy precisa.

La opción más avanzada es utilizar sistemas de visión artificial e inteligencia artificial para reconocer los productos automáticamente mediante cámaras. Esta tecnología ya se aplica en grandes plataformas logísticas, donde los sistemas clasifican pedidos por destino y verifican automáticamente que el contenido es correcto.

Resumen

En un entorno saturado La gestión de almacenes ha evolucionado incorporando tecnologías propias de la Industria 4.0. Junto a los métodos tradicionales como el uso de palets, estanterías y carretillas elevadoras, se emplean hoy sistemas avanzados como los **SGA** (Sistemas de Gestión de Almacenes), vehículos autónomos, realidad aumentada o *voice picking*. El objetivo es mejorar la eficiencia, la seguridad, la ergonomía y la conectividad en todo el proceso logístico.

En la operativa del almacén, los elementos de manutención se agrupan en tres grandes categorías: la conteinerización y el embalaje (que permiten agrupar productos en unidades manejables), los sistemas de almacenaje (con estanterías convencionales, compactas o dinámicas, según el tipo de mercancía) y las carretillas elevadoras (como las contrapesadas, retráctiles o trilaterales, que se eligen según el espacio y la altura del almacén). Cada combinación busca optimizar el espacio, facilitar la manipulación y adaptarse al volumen de trabajo.

Una de las tareas más relevantes es el *picking* o preparación de pedidos, que puede organizarse según el modelo "hombre al producto" (el operario se desplaza por el almacén) o "producto al hombre" (los artículos llegan automáticamente a su puesto). En ambos casos se pueden aplicar tecnologías como terminales de radiofrecuencia, pick-to-light, *picking* por voz o incluso gafas de realidad aumentada, todas orientadas a reducir errores y aumentar la productividad.

La automatización también abarca la recepción, el almacenamiento y la expedición, y se basa en principios como la eliminación de despilfarros, el análisis de cuellos de botella o la mejora ergonómica. Los almacenes modernos utilizan herramientas como el **SGA**, sistemas de control WCS, flotas de AGV, sensores IoT y cuadros de mando en tiempo real. Todo ello permite una gestión más ágil y conectada, adaptada a los retos actuales.

Ante problemas frecuentes como la falta de espacio, los tiempos lentos de preparación o el esfuerzo físico elevado, se pueden aplicar soluciones tradicionales (como reorganizar estanterías o rotar tareas) o tecnológicas (como instalar un almacén autoportante, automatizar el *picking* o usar exoesqueletos). En España, empresas como Amazon, Mercadona o DHL ya aplican estas soluciones en sus centros logísticos.

Glosario

AGV (Automated Guided Vehicle)

Vehículo autónomo guiado por sensores o rutas predefinidas para mover mercancías sin conductor.

Almacén autoportante

Tipo de instalación automatizada en la que las estanterías forman parte de la estructura del edificio y permiten almacenar a gran altura.

Apilador

Carretilla pequeña que permite elevar palets a alturas moderadas, ideal para almacenes de baja intensidad.

Cantilever

Tipo de estantería sin largueros frontales, diseñada para almacenar productos largos como perfiles metálicos o madera.

Conteinerización

Agrupación de mercancía en contenedores estandarizados para facilitar su transporte y manipulación.

Cross-docking

Técnica logística en la que ciertos productos no se almacenan, sino que se redistribuyen directamente al llegar.

Embalaje

Conjunto de envoltorios o envases que protegen y agrupan productos para su transporte.

Exoesqueleto

Dispositivo mecánico que se ajusta al cuerpo humano para reducir el esfuerzo físico en tareas de manipulación.

Inventario cíclico

Método de control de existencias que se realiza de forma continua por zonas o familias de productos.

Order picking

Preparación de pedidos seleccionando productos de distintas ubicaciones del almacén.

Paletización

Agrupación de productos sobre un palet para formar una unidad de carga estable y manejable.

Pick-to-light

Sistema de luces instaladas en estanterías que indican al operario dónde y cuánto recoger.

Producto al hombre

Estrategia de *picking* donde los productos se desplazan automáticamente hasta el operario.

Radiofrecuencia (RF)

Tecnología que permite comunicar al operario con el SGA mediante terminales inalámbricos con lector de código de barras.

Transelevador

Sistema automatizado que transporta y ubica automáticamente contenedores o palets dentro de estanterías.

WCS (Warehouse Control System)

Sistema que coordina el funcionamiento físico de la maquinaria automatizada del almacén.

Zona de *picking*

Área donde se realiza la preparación de pedidos. Puede ser manual, semiautomática o completamente robotizada.

Ejercicios de autoevaluación

1. ¿Cuál es la principal ventaja del sistema de estanterías drive-in?

a. Acceso directo a todas las referencias.

b. Almacenamiento FIFO para productos de alta rotación.

c. Alta densidad de almacenaje con principio LIFO.

d. Ahorro energético en cámaras frigoríficas.

2. ¿Qué tecnología permite al operario recibir instrucciones auditivas mientras mantiene las manos libres?

a. Pick-to-light.

b. RFID.

c. Voice picking.

d. Terminal RF.

3. ¿Qué tipo de carretilla es más adecuada para trabajar en pasillos de 1,5 metros y estanterías muy altas?

a. Carretilla contrapesada.

b. Carretilla retráctil.

c. Carretilla trilateral.

d. Transpaleta eléctrica.

4. ¿Qué significa el término "slotting" en la gestión de almacenes?

a. Sistema para elevar palets en altura.

b. Asignación óptima de ubicaciones según rotación.

c. Software de control de transportadores.

d. Dispositivo de escaneo en tiempo real.

5. ¿Qué característica define al modelo "producto al hombre" en el picking?

    a. El operario va por los pasillos recogiendo productos.

    b. El producto se mueve automáticamente hasta el operario.

    c. Se utiliza solo en estanterías cantiléver.

    d. Solo sirve para cargas paletizadas.

6. ¿Cuál es la principal función de un SGA?

    a. Mover físicamente los palets dentro del almacén.

    b. Gestionar rutas de reparto.

    c. Coordinar y optimizar las operaciones internas del almacén.

    d. Controlar el tráfico exterior de camiones.

7. ¿Qué tipo de estantería permite el acceso directo a todas las ubicaciones y es la más versátil?

    a. Estantería dinámica.

    b. Estantería push-back.

    c. Estantería convencional o selectiva.

    d. Estantería drive-in.

8. ¿Cuál es el sistema más adecuado para garantizar la rotación FIFO en productos perecederos?

    a. Estantería drive-in.

    b. Estantería dinámica por gravedad.

    c. Estantería push-back.

    d. Cantiléver.

9. ¿Cuál de las siguientes tecnologías se usa principalmente para identificar productos sin contacto visual?

a. RFID.

b. Voice picking.

c. SGA.

d. Pick-to-light.

10.¿Qué carretilla se recomienda para manipular perfiles metálicos o maderas largas?

a. Carretilla retráctil.

b. Carretilla trilateral.

c. Carretilla lateral (side-loader).

d. Transpaleta manual.

Módulo 4. Gestión integral del transporte y logística inversa

Introducción

La gestión integral del transporte ya no se limita a "mover mercancías" de forma aislada, sino que abarca una visión holística donde cada tramo (terrestre, marítimo, urbano) está optimizado, donde las devoluciones y residuos se gestionan proactivamente para reintroducirlos en el ciclo productivo, y donde la colaboración y la innovación tecnológica son constantes. Integrar el transporte y la logística inversa de manera inteligente es clave para competir en la economía circular del siglo XXI, donde cada recurso cuenta y cada mejora operativa marca la diferencia en rentabilidad y responsabilidad.

Objetivos

- Identificar los diferentes modos de transporte en los que puede operar una gestión logística
- Definir un sistema de logística inversa, gestionando los circuitos de devoluciones de los productos y la adecuada eliminación de envases y residuos dentro del concepto de economía circular.

1 Análisis de los diferentes tipos de transporte

El transporte de mercancías puede llevarse a cabo mediante distintos modos de transporte, cada uno con sus características, ventajas y limitaciones. Es esencial conocer estos modos para elegir el más adecuado en cada situación logística. A continuación, se analizan los principales tipos de transporte según su forma de realización.

1.1 Exposición de los modos de transporte según su forma de realización

Los modos de transporte de mercancías se clasifican según el medio por el que circulan y la forma en que realizan el traslado.

Los principales son:

- **Transporte por carretera (terrestre):** Se realiza con camiones o furgonetas a través de la red vial. Es el modo más flexible, capaz de efectuar entregas puerta a puerta con relativa rapidez. Se utiliza para distancias cortas y medias, y permite conectar prácticamente cualquier origen y destino dentro de un territorio. Sin embargo, su capacidad de carga es limitada comparada con otros modos, y en trayectos largos puede resultar más costoso o verse afectado por la congestión vial.

- **Transporte ferroviario (terrestre):** Consiste en el traslado de mercancías mediante trenes por vía férrea. Destaca por su alta capacidad de carga y eficiencia en distancias medias y largas. Es habitual para mover grandes volúmenes de carga pesada (por ejemplo, materias primas o contenedores) a costo menor que por carretera. Como desventaja, ofrece menos flexibilidad geográfica, pues depende de la infraestructura ferroviaria disponible y requiere operaciones adicionales de carga/descarga para llevar la mercancía desde/hasta la estación.

- **Transporte marítimo (acuático):** Se realiza en buques a través de mares y océanos, idóneo para comercio internacional de largo recorrido. Es el modo más eficiente para grandes volúmenes de carga a largas distancias, con un coste por tonelada bajo. Los barcos portacontenedores pueden mover miles de toneladas en un solo viaje, conectando continentes. No obstante, el transporte marítimo es relativamente lento (los viajes transoceánicos pueden tomar semanas) y depende de la disponibilidad de puertos adecuados.

Fig. 1. El buque portacontenedores representa la elevada capacidad y eficiencia del transporte marítimo como eje vertebrador del comercio internacional

- **Transporte aéreo:** Implica el envío de mercancías por aviones de carga. Su principal ventaja es la velocidad, siendo insustituible para entregas urgentes, productos perecederos de alto valor o envíos intercontinentales en poco tiempo. Un avión de carga puede cruzar continentes en horas, garantizando suministro rápido. A cambio, es el modo más costoso; la capacidad de carga es limitada y el consumo energético (y huella de carbono por kg transportado) es elevado. Por ello, se suele reservar para mercancías ligeras, valiosas o situaciones que justifican el sobrecoste.

- **Transporte fluvial:** Se refiere al transporte por ríos o vías navegables interiores (barcazas, gabarras). Es común en regiones atravesadas por ríos navegables o canales. Permite mover cargas voluminosas de manera económica y con bajo impacto ambiental, aprovechando las vías de agua para conectar áreas del interior con puertos marítimos. Su alcance está limitado a las cuencas fluviales y la velocidad es moderada, pero ofrece buena eficiencia energética.

- **Transporte por tubería:** Especializado en fluidos (oleoductos para petróleo, gasoductos para gas natural, tuberías para agua o productos químicos). Aunque no implica vehículos ni rutas convencionales, es un modo clave para el suministro continuo de materias primas a granel en estado líquido o gaseoso. Su utilización está limitada a determinados productos y requiere una infraestructura fija de tuberías.

Anotación

Cabe señalar que cada modo de transporte tiene subcategorías y especializaciones. Por ejemplo, dentro del transporte por carretera existen vehículos de distinto tonelaje (furgonetas ligeras, camiones articulados, etc.) adaptados al tipo de carga; y en el transporte marítimo se distinguen buques portacontenedores, petroleros, graneleros, ro-ro, entre otros. Por ello, la selección del medio adecuado debe considerar la naturaleza de la mercancía, la distancia, el tiempo de tránsito requerido y los costos asociados. Una gestión logística eficaz combina frecuentemente varios modos para aprovechar las ventajas de cada uno.

1.2. Diferencia entre multimodalidad e intermodalidad

En la práctica logística, es común que una misma mercancía deba recorrer su trayectoria usando varios modos de transporte sucesivos. Esto da lugar a dos conceptos relacionados pero distintos: transporte intermodal y transporte multimodal.

Es importante distinguirlos:

- **Transporte intermodal:** Se refiere al movimiento de mercancías usando múltiples modos de transporte, normalmente empleando unidades de carga unificadas (como contenedores, cajas móviles o semirremolques) que facilitan el transbordo entre modos. La característica principal del intermodal es que cada tramo modal del recorrido se suele gestionar con documentación y contratos independientes. Es decir, hay un contrato de transporte distinto (y normalmente un transportista diferente) para cada modo implicado. Por ejemplo, en un envío contenedorizado que sale en tren desde el origen hasta un puerto y luego continúa en barco, el trayecto ferroviario y el marítimo podrían estar cubiertos por contratos separados (carta de porte ferroviario y conocimiento de embarque marítimo, respectivamente). Esto aporta flexibilidad y un seguimiento detallado por tramo, aunque aumenta la complejidad administrativa al manejar varios documentos y responsabilidades segmentadas.

- **Transporte multimodal:** En este enfoque, aun cuando se usen diversos modos de transporte en cadena, toda la operación se gestiona bajo un único contrato y documento de transporte, generalmente a través de un Operador de Transporte Multimodal (OTM). La empresa u operador multimodal se encarga de coordinar todos los tramos (carretera, ferrocarril, barco, etc.) y ofrece al cargador un *flete unificado*. Un ejemplo es el conocimiento de embarque multimodal FIATA (FBL), que cubre toda la ruta desde origen a destino incluyendo los distintos medios empleados. Para el cliente, el transporte multimodal simplifica los trámites (una sola contratación) y aporta coherencia en la responsabilidad, ya que el operador multimodal asume la gestión integral. Como contrapartida, puede perderse algo de visibilidad detallada en cada tramo o flexibilidad en la selección de transportistas específicos, dado que todo se consolida en un paquete único.

Ejemplo

Pensemos en una empresa que debe enviar maquinaria desde el interior de un país hasta un cliente en el extranjero. Podría optar por un transporte intermodal, contratando por separado un servicio de camión hasta el puerto, luego una naviera para el tramo marítimo y finalmente otro camión en destino; en cada tramo gestiona documentos distintos (por ejemplo, CMR en carretera y Bill of Lading en marítimo) y coordina la conexión entre modos. Alternativamente, podría contratar un servicio multimodal puerta a puerta con un solo operador logístico que se encargue de todo el itinerario (camión + barco + camión), amparado por un contrato global. En el primer caso la empresa retiene más control sobre cada fase, mientras que en el segundo simplifica la gestión al delegarla íntegramente en un especialista.

1.3. Regulaciones de los distintos tipos de transporte

Cada modo de transporte de mercancías está sujeto a un marco normativo específico, con leyes, reglamentos y convenios diseñados para regular su operación segura y eficiente. Estas regulaciones abarcan aspectos como las condiciones del contrato de transporte, responsabilidades de las partes, documentación exigida, limitaciones técnicas (peso y dimensiones de vehículos, por ejemplo) y normas de seguridad.

A continuación, se destacan algunos puntos clave de la regulación por modo:

- **Transporte por carretera:** En el ámbito nacional, suelen existir leyes de ordenación de transportes terrestres que establecen requisitos para empresas de transporte, límites de horas de conducción, pesos máximos por eje, etc. A nivel internacional, el Convenio CMR regula el contrato de transporte internacional por carretera (mediante la carta de porte CMR), unificando responsabilidades en caso de pérdida o daño de la mercancía entre países adheridos. Además, para mercancías peligrosas por carretera, se aplica el acuerdo ADR, que normaliza el etiquetado, embalaje y condiciones de transporte de sustancias peligrosas.

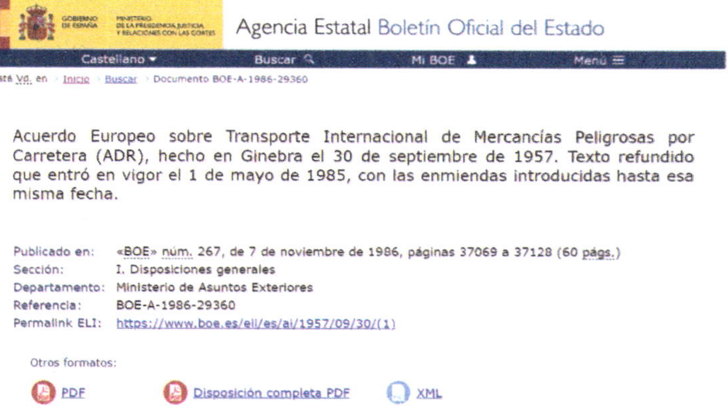

Agencia Estatal Boletín Oficial del Estado

Está Vd. en · Inicio · Buscar · Documento BOE-A-1986-29360

Acuerdo Europeo sobre Transporte Internacional de Mercancías Peligrosas por Carretera (ADR), hecho en Ginebra el 30 de septiembre de 1957. Texto refundido que entró en vigor el 1 de mayo de 1985, con las enmiendas introducidas hasta esa misma fecha.

Publicado en: «BOE» núm. 267, de 7 de noviembre de 1986, páginas 37069 a 37128 (60 págs.)
Sección: I. Disposiciones generales
Departamento: Ministerio de Asuntos Exteriores
Referencia: BOE-A-1986-29360
Permalink ELI: https://www.boe.es/eli/es/ai/1957/09/30/(1)

Otros formatos:

PDF   Disposición completa PDF   XML

Fig. 2. El BOE A 1986-29360 corresponde al texto refundido del Acuerdo Europeo sobre el Transporte Internacional de Mercancías Peligrosas por Carretera (ADR), firmado en Ginebra el 30 de septiembre de 1957, y con entrada en vigor en España el 1 de mayo de 1985

- **Transporte ferroviario:** En Europa y otros entornos internacionales, el transporte de mercancías por ferrocarril se rige por convenios como el CIM (Contrato Internacional de Transporte Ferroviario de Mercancías), que definen un documento de transporte ferroviario estándar y establecen responsabilidades similares al CMR, pero adaptadas al tren. Cada país suele tener también reglamentos ferroviarios internos sobre seguridad en la circulación, limitaciones de carga por vagón, gálibos, etc.

- **Transporte marítimo:** Es uno de los modos más antiguos y con extensa normativa internacional. El contrato de transporte marítimo se refleja en el Conocimiento de Embarque (B/L), sujeto a reglas internacionales como las Reglas de La Haya-Visby o las Reglas de Hamburgo, que delimitan las obligaciones de navieros y cargadores. La seguridad de los buques y las operaciones portuarias está cubierta por convenios de la Organización Marítima Internacional (OMI) como el SOLAS (seguridad de la vida humana en el mar) y normativas sobre estiba segura (código CTU). Para mercancías peligrosas en buques, aplica el Código IMDG. Asimismo, existen requisitos legales para declarar el peso verificado de contenedores (VGM) antes de embarcar. Todos estos instrumentos buscan estandarizar prácticas y evitar conflictos legales en el comercio marítimo global.

- **Transporte aéreo: La** aviación comercial de mercancías está regulada por convenios internacionales como el Convenio de Varsovia y su actualización el Convenio de Montreal, que unifican ciertas reglas sobre documentación (la carta de porte aéreo o AWB), límites de responsabilidad del transportista aéreo en caso de incidencias y condiciones de transporte. También la IATA (Asociación Internacional de Transporte Aéreo) emite reglamentaciones, por ejemplo para mercancías peligrosas vía aérea (instrucciones técnicas IATA-DGR), dado que las restricciones de seguridad en aviones son muy estrictas. Cada aerolínea y país debe respetar estas normas para garantizar un nivel de seguridad homogéneo.

- **Otros modos:** En el transporte fluvial, las regulaciones pueden ser locales (cada país con vías navegables tiene normas para la navegación interior) o acuerdos internacionales en ríos transfronterizos. El transporte por tuberías está sujeto a estándares técnicos de seguridad industrial y, si cruza fronteras, a acuerdos entre países sobre suministro energético.

Anotación

- ADR: Acuerdo Europeo sobre el Transporte Internacional de Mercancías Peligrosas por Carretera.
- CMR: Convenio sobre el Contrato de Transporte Internacional de Mercancías por Carretera.
- CIM: Contrato Internacional de Transporte Ferroviario de Mercancías.
- CMR (Convención relativa al Contrato de Transporte Internacional de Mercancías por Carretera): Es la carta de porte usada en transporte internacional por carretera.
- CIM (Contrato Internacional de Transporte Ferroviario de Mercancías): Documento equivalente al CMR, pero para el transporte ferroviario entre países adheridos al convenio.
- Conocimiento de embarque o Bill of Lading (B/L): Documento utilizado en transporte marítimo. Acredita la recepción de la mercancía por parte de la naviera y su compromiso de entrega en destino. También puede funcionar como título de propiedad.
- AWB (Air Waybill o carta de porte aéreo): Documento utilizado en transporte aéreo internacional.
- SOLAS: Convenio Internacional para la Seguridad de la Vida Humana en el Mar.
- CTU: Código de Prácticas para la Estiba Segura de Cargas en Contenedores.
- IMDG: Código Internacional de Mercancías Peligrosas por Mar.
- VGM: Verified Gross Mass (Peso Bruto Verificado de Contenedores).
- IATA-DGR: Instrucciones Técnicas de la Asociación Internacional de Transporte Aéreo para Mercancías Peligrosas.
- LOTT: Ley de Ordenación de los Transportes Terrestres.
- ROTT: Reglamento de la Ley de Ordenación de los Transportes Terrestres

Las empresas de logística a menudo se apoyan en certificaciones y estándares de calidad (por ejemplo, ISO 9001 de gestión de calidad, ISO 14001 de gestión ambiental, etc.) para asegurar que sus procesos de transporte cumplen con la normativa vigente y buenas prácticas. Además, en el transporte multimodal, la aparente falta de una normativa internacional única (vacío normativo señalado en ocasiones) se suple con las cláusulas contractuales en el documento multimodal y con la adhesión a reglas uniformes (UNCTAD/ICC) que tratan de armonizar responsabilidades.

Fig. 3. La norma ISO 9001:2015 define un sistema de gestión de la calidad basado en procesos y en el enfoque al cliente, exigiendo controles documentados, evaluación de riesgos y mejora continua

2. Análisis de las diferentes combinaciones entre ellos

Una gestión logística eficaz rara vez se limita a un solo modo de transporte; por el contrario, suele combinar varios modos para aprovechar sus fortalezas y compensar sus debilidades. El análisis de las posibles combinaciones modales –también llamado transporte combinado o *cadena intermodal*– permite diseñar rutas óptimas en términos de coste, tiempo y sostenibilidad.

2.1. Combinaciones más frecuentes de modos de transporte

A continuación, se examinan algunas combinaciones típicas y sus aplicaciones:

- **Aéreo + carretera (camión):** Útil cuando se requiere una entrega internacional rápida. Por ejemplo, mercancías urgentes pueden volar a la ciudad destino en avión, y desde el aeropuerto un camión realiza la distribución final local. Esta combinación equilibra velocidad en el tramo largo (aéreo) con capilaridad para el reparto capilar (carretera). Es frecuente en envíos de paquetería de e-commerce de alto valor o productos perecederos de corta vida.

- **Marítimo + carretera:** Ideal para distribución en regiones costeras o envíos de importación. La mercancía viaja por barco hasta el puerto más cercano al destino (aprovechando el bajo coste del modo marítimo para la larga distancia), y luego camiones efectúan el tramo terrestre final hasta los puntos de entrega específicos. Esta combinación es la más común en comercio internacional: contenedores que arriban al puerto y luego son cargados en camiones para llegar a bodegas o fábricas tierra adentro.

- **Marítimo + ferroviario:** Indicado para mercancías voluminosas a largas distancias. Un posible esquema es enviar la carga por barco entre continentes y, al arribar al puerto de entrada, usar el ferrocarril para trasladarla tierra adentro eficientemente. Por ejemplo, contenedores descargados en un puerto europeo pueden consolidarse en trenes hacia un centro logístico en el interior del continente. Esto combina la capacidad y economía del barco con la rapidez y regularidad del tren en largas distancias terrestres, reduciendo la dependencia de numerosos camiones.

- **Carretera + ferrocarril (transporte terrestre combinado):** Es frecuente dentro de un mismo continente, conocido también como camión sobre tren o tráfico *piggyback*. Los camiones llevan los remolques o contenedores hasta una terminal ferroviaria, donde se cargan en vagones para recorrer el tramo principal por ferrocarril, y al llegar cerca del destino se vuelven a montar sobre camiones. Esta combinación busca disminuir costos de combustible y emisiones en el trayecto largo (gracias al tren) manteniendo la flexibilidad del camión en origen y destino.

- **Carretera + fluvial:** Útil en entornos nacionales con ríos navegables. Un esquema de *movimiento sostenible nacional* es transportar bienes por camión hasta un punto estratégico (por ejemplo, un puerto fluvial), luego transferirlos a barcazas para aprovechar el bajo costo y menor impacto ambiental del río, y eventualmente volver a camión para la distribución final. Esto se aplica en países atravesados por grandes ríos, combinando así tres tramos: pre-transporte por carretera, tramo fluvial central y post-transporte por carretera.

Fig. 4. Un centro logístico intermodal, donde confluyen vías férreas, carreteras y zona portuaria, permite el transbordo eficiente de contenedores entre trenes, camiones y buques

Al analizar las combinaciones posibles, es importante considerar factores operativos: compatibilidad de horarios entre modos (ej. sincronizar la llegada del tren con la salida del buque), infraestructura disponible (terminales intermodales, grúas para transferir contenedores), y gestión documental unificada para evitar demoras. Una correcta coordinación en transporte combinado puede reducir significativamente costos y tiempos, al aprovechar cada modo donde es más eficiente. Por ejemplo, mover grandes volúmenes por ferrocarril o barco y usar camiones solo en la "última milla" suele disminuir tanto el gasto en combustible como la congestión vial.

Una empresa automotriz en el centro del país podría usar una cadena multimodal para exportar sus vehículos: primero camiones llevan los automóviles desde la planta hasta la terminal ferroviaria; allí se cargan en vagones especiales y viajan cientos de kilómetros por tren hasta el puerto marítimo; finalmente, se transfieren a un buque roll-on/roll-off que los lleva al continente de destino. Esta combinación triple (camión-tren-barco) minimiza tiempos y manipuleos intermedios. En cambio, si hubiera intentado llevarlos todo el trayecto por carretera, habría requerido muchísimos camiones con mayores costes y riesgo de demoras. El ejemplo ilustra cómo combinar modos es sinónimo de optimización, siempre que se gestione adecuadamente.

Fig. 5. La estandarización en el diseño de contenedores ha sido clave para el desarrollo del transporte intermodal, al reducir tiempos de carga y descarga y evitar daños en la mercancía

2.2. Condicionantes de un modo de transporte en los otros

La elección de un modo de transporte condiciona el uso y eficiencia de los demás.

Algunos elementos clave que influyen son:

- **Sincronización de horarios:** Es fundamental coordinar la llegada del tren con la salida del buque, o del avión con los camiones de reparto. Un desfase puede suponer demoras y costes adicionales.
- **Infraestructura disponible:** No todos los puntos logísticos cuentan con terminales intermodales adecuadas. La existencia de grúas, muelles o rampas condiciona la viabilidad del transbordo entre modos.
- **Características del producto:** Determinadas mercancías requieren control de temperatura, protección especial o manipulación limitada, lo que restringe las combinaciones posibles.
- **Gestión documental:** En transporte combinado es necesario unificar procedimientos aduaneros, seguros, documentación y sistemas de trazabilidad, evitando duplicidades que ralenticen el proceso.

Fig. 6. En un envío internacional, si la terminal ferroviaria no tiene conexión directa con el puerto marítimo, se requerirá un transporte intermedio por carretera, lo que afectará a los costes y plazos de entrega

2.3. Tipos de contenedores para el intercambio de mercancía de un modo a otro

Para que las combinaciones de transporte sean viables, es esencial contar con contenedores estandarizados que faciliten el traslado sin necesidad de manipular directamente la carga.

Algunos de los tipos más comunes incluyen:

- **Contenedor ISO (estándar marítimo):** Utilizado tanto en transporte marítimo como ferroviario y por carretera. Su diseño permite el apilado y la transferencia rápida entre modos sin abrirlo.

- **Contenedor frigorífico (reefer):** Mantiene temperaturas controladas durante todo el trayecto, ideal para productos perecederos o farmacéuticos.

- **Remolque intermodal:** Se puede cargar directamente en vagones de tren en operaciones *piggyback*. Permite el paso del modo carretera al ferroviario sin descargar la mercancía.

- **Caja móvil:** Variante ligera del contenedor, muy usada en Europa para facilitar el intercambio entre camión y tren.

- **Contenedor fluvial:** Barcazas adaptadas para recibir contenedores marítimos o grandes volúmenes a granel, especialmente en rutas interiores.

3. Evaluación de las implicaciones administrativas y las formas de gestión del transporte multimodal

El transporte multimodal, al involucrar varios modos en un mismo envío bajo una gestión unificada, conlleva implicaciones administrativas específicas. La coordinación eficiente de un transporte multimodal exige atender a aspectos como la documentación, los seguros, la gestión de responsabilidades y la comunicación entre todos los actores participantes.

3.1. Requisitos administrativos en el transporte nacional y en el internacional

La gestión administrativa de un transporte varía significativamente si se trata de un envío dentro de las fronteras nacionales o de uno que las cruza. En transporte nacional, las exigencias se centran en cumplir la normativa interna de transporte y seguridad:

En España una empresa transportista por carretera debe poseer autorizaciones administrativas (tarjeta de transporte), cumplir la regulación laboral de conductores (horas de conducción y descanso), seguro de responsabilidad civil y carta de porte nacional con los datos del envío. No hay controles aduaneros dentro de un mismo país, lo que simplifica trámites.

- **Tarjeta de transporte:** autorización administrativa obligatoria para que una empresa o autónomo pueda realizar transporte público de mercancías por carretera. La expide el Ministerio de Transportes y acredita que se cumplen los requisitos legales para operar.
- **Regulación laboral de conductores:** conjunto de normas que establecen los límites de tiempo de conducción, pausas obligatorias y períodos de descanso diarios y semanales, con el fin de garantizar la seguridad vial y los derechos laborales del conductor. En España se rige por el Reglamento (CE) 561/2006.
- **Seguro de responsabilidad civil:** póliza que cubre los daños que pueda causar el transportista a terceros durante la actividad profesional. Es obligatorio y protege frente a reclamaciones por accidentes, pérdidas o desperfectos.
- **Carta de porte nacional:** documento que acompaña a la mercancía transportada dentro del territorio español. Recoge información esencial del envío, como origen, destino, tipo de carga, datos del remitente, transportista y destinatario. Acredita la existencia del contrato de transporte.
- **Controles aduaneros:** inspecciones o trámites fiscales que se realizan en fronteras para el control de mercancías. En el transporte nacional dentro de España no existen estos controles, lo que simplifica la logística y reduce burocracia.

En cambio, en transporte internacional se añaden una serie de requisitos administrativos extra: en primer lugar, la documentación aduanera para exportar o importar mercancías entre distintas jurisdicciones. Esto implica emitir declaraciones de aduana, presentar facturas comerciales, listas de contenido (packing lists) y obtener, cuando aplique, certificados de origen u otros (sanitarios, fitosanitarios, etc.).

Además, el transporte internacional suele requerir documentos de transporte específicos conforme al modo y convenios internacionales, como el del Convenio de Transporte Internacional de Mercancías por Carretera (CRM) en carretera para cruzar fronteras, el CIM en ferrocarril, el conocimiento de embarque (*Bill of Lading*) en marítimo o la carta de porte aérea (AWB) en aéreo.

También pueden exigirse permisos de transporte internacional: por ejemplo, licencias comunitarias para transportistas de la UE (permitiendo cabotaje limitado en otros países), o carnés TIR para ciertos tránsitos por carretera que facilitan el paso de aduanas.

Algunos conceptos que son importantes conocer para los requisitos administrativos en el transporte nacional y en el internacional son los siguientes:

- **Documentación aduanera:** conjunto de papeles requeridos para exportar o importar mercancías entre países. Incluye la declaración de aduana, factura comercial, *packing list* y, en su caso, certificados especiales como los de origen, sanitarios o fitosanitarios.
- **Factura comercial:** documento emitido por el vendedor que detalla el valor, descripción y condiciones de la mercancía vendida. Es esencial para calcular aranceles e impuestos en aduanas.
- ***Packing list* (lista de contenido):** documento que especifica el contenido detallado del envío (cantidad, peso, volumen y descripción de cada bulto o caja). Acompaña a la factura y facilita la inspección y clasificación aduanera.
- **Certificado de origen:** documento que acredita el país de fabricación o procedencia de la mercancía. Puede influir en los aranceles aplicados o en el cumplimiento de acuerdos comerciales.
- **CIM:** documento equivalente al CMR, pero para el transporte internacional de mercancías por ferrocarril, conforme al convenio internacional correspondiente.
- **Conocimiento de embarque (*Bill of Lading*):** documento clave en transporte marítimo internacional. Acredita que la mercancía ha sido embarcada y sirve como título de propiedad, contrato de transporte y recibo de la carga.
- **Carta de porte aérea (AWB – Air Waybill):** documento utilizado en el transporte aéreo internacional que recoge los datos del envío, condiciones del contrato y responsabilidades del transportista aéreo.
- **Licencia comunitaria:** autorización que permite a las empresas de transporte de mercancías establecidas en un país de la Unión Europea operar en otros países miembros, incluyendo el derecho limitado a realizar transporte interno (cabotaje) en ellos.
- **Carnet TIR:** documento que forma parte del sistema TIR (Transporte Internacional por Carretera). Permite el tránsito aduanero simplificado entre países adheridos sin inspección en cada frontera intermedia, facilitando el paso fluido de mercancías.

En algunos casos se necesitan visados o documentos para la tripulación (choferes o personal acompañante) al atravesar ciertos países. Asimismo, hay que atender a regulaciones de seguridad: en transporte internacional marítimo, cumplir con la normativa de la OMI en puertos (código PBIP) y en aéreo los controles de seguridad de carga (RA3, inspección radioscópica, etc.).

Vocabulario

- **OMI (Organización Marítima Internacional):** organismo de Naciones Unidas responsable de regular la seguridad marítima y la prevención de la contaminación en el transporte marítimo internacional.
- **Código PBIP (ISPS en inglés):** siglas del Código Internacional para la Protección de los Buques y de las Instalaciones Portuarias. Establece medidas obligatorias de seguridad en puertos y barcos para prevenir actos ilícitos.
- **RA3 (Regulated Agent Third Country):** figura del transporte aéreo internacional que designa a operadores autorizados fuera de la UE para manipular o controlar carga aérea con destino a Europa. Asegura que la mercancía cumple los estándares de seguridad exigidos por la UE.
- **Inspección radioscópica:** técnica de seguridad que utiliza rayos X u otras formas de radiación para examinar el contenido de la carga sin abrir los bultos, garantizando que no haya objetos prohibidos o peligrosos ocultos.

Fig. 7. La inspección radioscópica permite escanear la carga sin abrir los bultos, garantizando la seguridad en el transporte internacional mediante la detección no intrusiva de objetos prohibidos o peligrosos

El transporte internacional conlleva también la gestión de seguros internacionales (pólizas con cobertura door to door que cubran múltiples tramos) y a veces la necesidad de contratar agentes transitarios o despachantes de aduana que asistan en las gestiones.

- **Póliza door to door:** seguro de transporte que cubre la mercancía desde el punto de origen hasta el destino final, incluyendo todos los tramos intermedios (carretera, barco, avión, etc.). Garantiza cobertura continua frente a daños o pérdidas durante todo el trayecto.
- **Agente transitario (forwarder):** empresa o profesional especializado en coordinar el transporte internacional de mercancías. Se encarga de organizar rutas, contratar transportes, gestionar documentación y optimizar tiempos y costes para el cliente.
- **Despachante de aduana (representante aduanero):** profesional autorizado que actúa en nombre del importador o exportador ante la aduana. Realiza gestiones como presentar declaraciones, clasificar mercancías y pagar aranceles, asegurando que todo cumpla la normativa vigente.

3.2. Convenio de las Naciones Unidas sobre el Transporte Multimodal Internacional de Mercancías

Este convenio es un instrumento jurídico internacional adoptado en Ginebra en 1980 bajo auspicios de la ONU, cuyo objetivo fue unificar y armonizar las reglas aplicables al transporte multimodal de mercancías. Antes de su existencia, cada tramo de un transporte multimodal podía regirse por distintas convenciones (CMR, CIM, Reglas de La Haya, etc.), generando lagunas de responsabilidad entre tramos.

El convenio de 1980 pretendió crear un documento de transporte multimodal único y establecer la responsabilidad del Operador de Transporte Multimodal (OTM) desde origen a destino. Definió conceptos como Operador Multimodal, fijó límites indemnizatorios unificados y estableció derechos/obligaciones de cargadores y porteadores en un contrato multimodal. Sin embargo, pese a la importancia de esta iniciativa, el convenio nunca llegó a entrar en vigor debido a la falta de suficientes ratificaciones por parte de los Estados.

Muchos países y sectores mostraron reservas, entre otros motivos, por los distintos intereses de navieras, carreteros y aseguradoras. A pesar de no estar vigente, el Convenio de 1980 sentó bases teóricas que influyeron en la práctica: por ejemplo, sirvió de referencia para reglas privadas como las Reglas UNCTAD/CCI relativas a los documentos de transporte combinado, y para el desarrollo de los conocimientos de transporte multimodal FIATA usados en la industria.

En la actualidad no existe aún un convenio globalmente vigente específico de transporte multimodal, por lo que la responsabilidad en operaciones multimodales suele gestionarse mediante contratos privados y las cláusulas de exoneración/limitación que estos contemplen, apoyándose en las convenciones modales existentes. No obstante, el Convenio de 1980 es un antecedente importante en la búsqueda de un marco uniforme para esta materia.

3.3. Unidades de Transporte Intermodal (UTIs)

Las UTIs son elementos clave en la gestión del transporte multimodal e intermodal. Como se mencionó, una **UTI** es cualquier unidad de carga reutilizable que permite mover mercancías entre diferentes modos sin manipular la carga en sí. El ejemplo típico son los contenedores ISO normalizados, que constituyen UTIs universales en el comercio internacional. También se consideran UTIs los semirremolques de camión que pueden transferirse a otros modos (p.ej., sobre vagones en autopistas ferroviarias), las cajas móviles usadas en Europa (similares a contenedores, optimizadas para intercambiar entre camión y tren) e incluso los vehículos completos cuando actúan como unidad (un camión completo embarcado en un ferry, por ejemplo).

Para ser considerada una verdadera UTI, la unidad debe ser manejable como un todo (por grúa, puente, etc.) y tener características estándar que la hagan compatible con equipamientos intermodales. Las UTIs ofrecen múltiples beneficios: facilitan transbordos rápidos (un contenedor se mueve de buque a tren en minutos), protegen la mercancía durante todo el recorrido (se reduce el riesgo de daños o robos al no desempacar en transbordos) y permiten economías de escala, ya que se manipulan grandes volúmenes de mercancía a la vez.

Fig. 8. Buena parte de la eficiencia del transporte multimodal viene dada por el uso extendido de UTIs

En la gestión administrativa, las UTIs suelen identificarse con códigos (ej. código alfanumérico de contenedor BIC) para su seguimiento. Además, su uso ha impulsado la estandarización de infraestructura (buques portacontenedores con celdas adaptadas, vagones plataforma contenedores, camiones portacontenedores, grúas pórtico, etc.).

Anotación

La figura del Operador de Transporte Multimodal (OTM) es clave en este contexto. Puede ser un transitario, agente de carga o una gran empresa logística que cuenta con red de subcontratistas. Su rol es similar al de un "director de orquesta" logística: coordina todos los medios necesarios para que la mercancía llegue a destino cumpliendo tiempos y condiciones pactadas. Al evaluarse la contratación de un OTM, es importante verificar su experiencia en las rutas deseadas, su solvencia (pues concentra responsabilidad) y las alianzas que tiene con transportistas de cada modo. Una gestión multimodal exitosa reduce la carga administrativa del remitente y optimiza la cadena, pero requiere confiar en la especialización del operador y mantener con él un canal de comunicación permanente, ya que cualquier incidencia en un tramo puede afectar al siguiente y deben tomarse decisiones rápidas (re-ruteos, cambios de transporte) en coordinación con el cliente.

4. Reconocimiento de la problemática de la distribución urbana de mercancías

La distribución urbana de mercancías (DUM) se refiere al conjunto de actividades logísticas destinadas a hacer llegar productos a los consumidores o negocios dentro de las ciudades. Es el "último tramo" de la cadena de suministro, también conocido como última milla, y presenta retos únicos que la diferencian de la logística de largo recorrido.

4.1. Proyección 2030 de los efectos en el incremento de la DUM

En entornos urbanos densos, la entrega de mercancías enfrenta una serie de problemáticas específicas:

- **Congestión del tráfico:** Las ciudades, especialmente en horas pico, sufren embotellamientos que retrasan los vehículos de reparto. El crecimiento del comercio electrónico y la demanda de entregas rápidas han multiplicado el número de furgonetas circulando por las calles, agravando la congestión. Esto genera un círculo vicioso: más vehículos de reparto implican tráfico más lento, y tráfico más lento exige más vehículos o más tiempo para cumplir con las entregas, saturando aún más las vías urbanas.

- **Restricciones de acceso y de horarios:** Muchas áreas urbanas (cascos históricos, zonas comerciales céntricas) imponen limitaciones al acceso de vehículos pesados o contaminantes. Por ejemplo, existen zonas de bajas emisiones que prohíben la entrada de camiones diésel, o calles peatonales donde la carga y descarga sólo se permite en franjas horarias muy acotadas (a primera hora de la mañana o de la noche). Si un repartidor no logra llegar en ese lapso, deberá posponer la entrega. Estas medidas, aunque necesarias para la habitabilidad de la ciudad, complican la planificación logística.

- **Escasez de espacios de carga/descarga:** Encontrar un lugar para estacionar el camión o furgoneta cerca del punto de entrega es un desafío diario. A menudo los espacios habilitados para carga y descarga son insuficientes o están ocupados indebidamente, obligando al repartidor a dar vueltas o detenerse en doble fila. Esto no sólo retrasa la operación, sino que puede generar multas y entorpecer aún más el tráfico. La falta de infraestructuras logísticas urbanas (micro-hubs, áreas de transferencia) contribuye a esta problemática.

- **Impacto ambiental y social:** La distribución urbana intensa con vehículos de combustión genera niveles notables de emisiones contaminantes (CO_2, NOx, partículas) que afectan la calidad del aire en la ciudad, así como contaminación acústica por el ruido de los motores y las operaciones de carga. Los habitantes urbanos están expuestos a estos efectos negativos, lo que ha llevado a mayor presión para adoptar modelos de distribución más limpios y silenciosos.

Fig. 9. El constante ir y venir de vehículos de reparto puede afectar la seguridad vial (interacción con peatones, bicicletas) y la estética urbana

- **Costes elevados y baja eficiencia:** En la última milla, el coste por entrega tiende a ser más alto que en tramos interurbanos. Repartir pequeñas cantidades a muchos destinos cercanos, pero con dificultades de acceso implica menor productividad por vehículo. Por ejemplo, un camión puede recorrer 200 km por autopista entre almacenes rápidamente, pero para repartir 20 km dentro de ciudad quizá tarde más tiempo. Esta fragmentación de entregas (muchos pedidos de pequeño volumen) se ha acentuado con el comercio online, incrementando los intentos fallidos (no encontrar al cliente en casa) y las devoluciones. Todo ello reduce la eficiencia global y dispara los costes logísticos urbanos.

4.2. Problemática de la congestión del tráfico en las ciudades

El incremento de la DUM genera una presión adicional sobre el tráfico urbano, especialmente en horas punta y zonas con alta densidad comercial.

La congestión vehicular afecta negativamente a:

- La eficiencia logística, con mayores tiempos de reparto.
- El consumo energético y la emisión de gases contaminantes.
- La convivencia urbana, generando molestias a peatones y residentes.

Además, la falta de zonas de carga y descarga adecuadas provoca maniobras peligrosas o estacionamientos indebidos.

Fig. 10. En ciudades como Madrid o Barcelona, se estima que el 20 % de las emisiones del tráfico rodado están relacionadas con operaciones de última milla

4.3. Problemática de las emisiones de CO_2 a la atmósfera como consecuencia del incremento de la DUM

El aumento de vehículos dedicados a la DUM contribuye significativamente a las emisiones de dióxido de carbono y otros contaminantes atmosféricos, especialmente si la flota utiliza combustibles fósiles. Esto tiene efectos directos sobre la salud pública y el medio ambiente.

Las principales causas del incremento de emisiones son:

- Uso predominante de vehículos diésel.
- Falta de optimización de rutas y tiempos de espera prolongados.
- Baja implantación de vehículos de energía alternativa en entornos urbanos.

Reducir las emisiones de CO_2 en la DUM es uno de los principales objetivos de los planes de movilidad y sostenibilidad urbana, a través de restricciones de acceso, peajes urbanos o incentivos a la electrificación de flotas.

Fig. 11. Algunas ciudades han implantado zonas de bajas emisiones (ZBE) que prohíben la entrada de vehículos contaminantes salvo excepciones muy justificadas

5. Identificación de los actores que se ven implicados en la DUM

La distribución urbana de mercancías involucra a una pluralidad de actores, cada cual con su rol, intereses y responsabilidades en el proceso. Identificar quiénes son y cómo interactúan es clave para entender la dinámica de la logística urbana y buscar mejoras conjuntas.

5.1. Agentes implicados en la distribución urbana de mercancías

Entre los principales actores implicados en la DUM se pueden mencionar:

- **Administraciones y autoridades locales:** Incluye ayuntamientos y entes municipales responsables de la regulación del tráfico, urbanismo y medio ambiente en la ciudad. Su papel es establecer las normas (horarios de carga/descarga, zonas de acceso restringido, regulación de estacionamientos, etc.) y proveer infraestructuras (espacios de carga, señalización). Buscan equilibrar la actividad comercial con la calidad de vida urbana. Ejercen la vigilancia (policía municipal, agentes de movilidad) y promueven iniciativas como planes de movilidad urbana sostenible que afectan directamente a la logística de reparto.

- **Empresas transportistas y operadores logísticos:** Son las compañías que realizan físicamente las entregas urbanas. Aquí se cuentan desde grandes operadores de paquetería y *courier* (servicios de mensajería) hasta pequeñas empresas locales de reparto e incluso autónomos con furgoneta. Su objetivo es cumplir con las entregas en tiempo y forma, optimizando rutas y recursos. Interactúan diariamente con las limitaciones del entorno urbano, por lo que suelen tener un conocimiento práctico de "lo que funciona o no" en la calle. Muchos de ellos desarrollan soluciones propias (ruteo inteligente, consolidación de cargas) para ser más eficientes.

- **Remitentes o generadores de carga urbana:** Son los cargadores que requieren enviar mercancía hacia la ciudad. Pueden ser fabricantes, distribuidores, plataformas de comercio electrónico, mayoristas que abastecen tiendas, etc. Por ejemplo, un almacén regional de un supermercado que envía camiones a las sucursales urbanas, o un negocio online que remite paquetes a clientes residenciales en la ciudad. Estos actores determinan en gran medida el flujo de entrada de mercancías a la urbe. Tienen interés en que sus productos lleguen a tiempo y en buen estado a los destinatarios, y suelen contratar a operadores logísticos (o tienen flota propia) para lograrlo.

- **Destinatarios finales:** En la ciudad, los receptores de las mercancías pueden ser comercios minoristas (tiendas, restaurantes, oficinas) o consumidores individuales. Sus necesidades y comportamientos también influyen en la distribución: por ejemplo, un comercio puede demandar reaprovisionamientos diarios en una franja horaria concreta (antes de abrir la tienda), o un cliente particular puede exigir entrega domiciliaria en franjas horarias nocturnas. Los destinatarios valoran la fiabilidad y rapidez de las entregas, pero a veces no facilitan la logística (p. ej., ausencia en el domicilio para recibir un paquete, lo que genera segundos intentos). También forman parte de este grupo los establecimientos logísticos urbanos como *lockers* o puntos de recogida donde el cliente final acude a retirar su paquete, actuando como intermediarios de entrega.

- **Ciudadanía y comunidades locales:** Aunque no participan activamente en el proceso de reparto, los residentes y la comunidad urbana son actores indirectos, pues reciben el impacto de la DUM en su entorno. Las asociaciones de vecinos, por ejemplo, pueden presionar a las autoridades para restringir el tráfico de reparto en zonas residenciales o para establecer horarios silenciosos. También, cada vez más, los ciudadanos son actores activos cuando adoptan hábitos como elegir recoger sus compras en un punto de conveniencia en vez de exigir entrega a domicilio, o usan servicios colaborativos (vecinos que reciben paquetes para otros). Su concienciación y actitud pueden influir en que las soluciones implementadas (vehículos eléctricos, puntos de entrega alternativos) tengan éxito.

- **Proveedores de tecnología y servicios auxiliares:** En la distribución urbana moderna intervienen compañías tecnológicas que ofrecen plataformas de optimización de rutas, sistemas de seguimiento GPS en tiempo real, aplicaciones móviles de entregas colaborativas, etc. También entran aquí fabricantes de vehículos especializados (ej. triciclos eléctricos de carga, drones de reparto en proyectos piloto), empresas de alquiler de espacios logísticos urbanos, entre otros. Si bien no "reparten" directamente, habilitan con sus productos o servicios que los actores principales lo hagan de manera más eficiente y adaptada al entorno urbano actual.

Fig. 12. La logística urbana eficiente se alcanza más fácilmente cuando los actores de la DUM dialogan y entienden mutuamente sus limitaciones y necesidades

5.2. Factores que influyen en las decisiones sobre la DUM

La planificación de la distribución urbana está condicionada por múltiples factores, entre los que destacan:

- La densidad del tráfico urbano.
- La normativa local sobre horarios y acceso de vehículos.
- Las características físicas de la ciudad (anchura de calles, zonas peatonales).
- La demanda creciente del comercio electrónico.
- El coste del suelo y la disponibilidad de microplataformas logísticas.

Las empresas deben tener en cuenta estos factores para adaptar sus estrategias de última milla y cumplir con los objetivos de sostenibilidad y eficiencia.

Fig. 13. Una ciudad con calles estrechas, muchas zonas peatonales y restricciones horarias exigirá soluciones más innovadoras, como bicicletas de carga o entregas nocturnas silenciosas

5.3. Variables que se tienen en consideración para la toma de decisiones en DUM

Para optimizar la distribución urbana, las decisiones deben basarse en un conjunto de variables que permitan analizar la viabilidad técnica, económica y medioambiental de las operaciones.

Algunas variables habituales son:

- Tipo de mercancía y volumen de carga.
- Horario de entrega permitido.
- Disponibilidad de zonas de carga.
- Distancia al cliente final y densidad de entregas por zona.
- Tipo de vehículo disponible.

Ejemplo

Una empresa de distribución de productos frescos prioriza rutas en horario temprano utilizando vehículos eléctricos refrigerados para evitar la congestión y acceder a zonas de bajas emisiones.

Estas variables se integran en sistemas de planificación de rutas (TMS) o aplicaciones móviles que permiten tomar decisiones dinámicas y adaptadas a cada escenario urbano.

Fig. 14. SAP Transportation Management, es un sistema de planificación de rutas (TMS) que permite optimizar el diseño de rutas, consolidar cargas, reducir costes de transporte y realizar un seguimiento en tiempo real de los envíos

6. Gestión de las soluciones actuales para evitar la congestión del tráfico y el aumento de emisiones de carbono

Frente a las problemáticas de la distribución urbana, se han ido desarrollando soluciones innovadoras y buenas prácticas que buscan hacer la última milla más sostenible y fluida. Estas soluciones se centran en reducir la congestión y las emisiones contaminantes, manteniendo un nivel de servicio adecuado.

6.1. Estado del arte en el desarrollo de tecnologías aplicables a la DUM

A continuación, se describen algunas de las principales medidas y cómo se gestionan en la práctica:

- **Centros de consolidación urbana (*microhubs*):** Consisten en habilitar plataformas logísticas cercanas a la ciudad (en la periferia o incluso dentro, en un punto estratégico) donde se agrupan las mercancías destinadas al centro urbano. En lugar de que cada empresa de transporte entre con sus camiones parcialmente llenos, todas entregan sus cargas en el centro de consolidación y desde allí se realizan repartos unificados, optimizados por zona. Esta solución reduce el número de vehículos que circulan por el centro, aumentando la ocupación de cada ruta. Su gestión requiere colaboración entre empresas competidoras o un operador neutral que maneje el hub. Por ejemplo, en algunas ciudades europeas se ha implementado un centro de distribución urbano al que llegan camiones grandes y, tras consolidar las entregas de distintos remitentes, salen furgonetas o triciclos eléctricos con cargas combinadas hacia cada barrio.

- **Uso de vehículos ecológicos y de menor tamaño:** Una tendencia clara es sustituir progresivamente las furgonetas diésel tradicionales por vehículos eléctricos (EV), híbridos o de cero emisiones para reparto. También se incorporan bicicletas de carga y triciclos eléctricos para entregar paquetes en zonas de difícil acceso o calles estrechas. Estos medios no generan emisiones locales y hacen menos ruido, permitiendo repartos más respetuosos con el entorno. Su gestión implica adaptar la flota y la infraestructura: instalar puntos de recarga eléctrica, planificar bien las rutas dado el límite de autonomía de los EV, y formar a los repartidores en el uso de bicis de carga. Muchas ciudades apoyan esto con incentivos, como permitir que vehículos eléctricos de reparto accedan a áreas prohibidas para diésel o ofrecer estacionamiento preferente.

- **Horarios escalonados y entregas nocturnas:** Para mitigar la congestión en horas punta, se promueve realizar entregas en horarios de menor tráfico. Algunas ciudades permiten entregas nocturnas o en la madrugada, siempre que se hagan con vehículos silenciosos, para aprovechar calles despejadas. Otras impulsan ventanas horarias diferenciadas por zona: por ejemplo, en el barrio comercial X, las descargas se hacen antes de las 10 am, en el barrio Y entre 2 y 4 pm, etc., evitando que todos los repartidores coincidan a la misma hora en toda la ciudad. La gestión de estas medidas requiere coordinación con los comercios (que alguien reciba la mercancía fuera del horario normal) y cumplir normas de ruido. Cuando se logra implementar, los vehículos distribuyen más rápido y estacionan con facilidad al no haber tanto tráfico, mejorando la eficiencia.

- **Sistemas de entrega alternativos al domicilio:** Para reducir intentos fallidos de entrega y optimizar recorridos, se están popularizando opciones como los puntos de recogida (tiendas de conveniencia, oficinas de correos) y los lockers automáticos donde el cliente puede ir a buscar su paquete. Esto consolida múltiples entregas en un solo destino (por ejemplo, 50 paquetes a un locker, en vez de 50 direcciones particulares distintas) y permite al cliente recoger cuando le convenga, reduciendo viajes extra. La gestión la suelen hacer operadores de paquetería que instalan estas redes de puntos de entrega; requiere sistemas informáticos para notificar al cliente y darle códigos de recogida. En términos de tráfico, un furgón entrega en un solo punto central por barrio en lugar de recorrer cada calle, lo que baja considerablemente la circulación necesaria.

- **Optimización de rutas y carga mediante tecnología:** Las empresas están invirtiendo en software de optimización de rutas que, usando algoritmos y datos de tráfico en tiempo real, reordenan continuamente las secuencias de entrega para esquivar atascos y acortar distancias. También emplean sistemas de gestión de flotas con GPS para monitorizar a los vehículos y reagrupar entregas sobre la marcha si surge algún imprevisto (por ejemplo, enviar el paquete de un repartidor retrasado al que está más cerca). Otra práctica es usar análisis de datos para ajustar la carga de los vehículos: previendo la demanda por zonas, se busca que cada furgoneta salga llena y cubra un territorio óptimo, evitando viajes ociosos. Estas mejoras tecnológicas aumentan la eficiencia de cada recorrido, lo que indirectamente reduce el número total de vehículos necesarios en la calle.

Ejemplo

La iniciativa CITYlogin en algunas ciudades ibéricas es un modelo de solución sostenible DUM. Se establecen pequeños almacenes logísticos en las afueras; allí se trasladan las cargas de múltiples proveedores que van hacia el centro. Luego, furgonetas eléctricas y triciclos de CITYlogin realizan el reparto de última milla agrupando pedidos de distintos orígenes en un solo recorridoenertic.org. Gracias a esta gestión centralizada, se ha logrado reducir más de un 30% la congestión y emisiones en las zonas atendidas, ya que en lugar de diez vehículos de reparto independientes ahora sólo circulan tres o cuatro, y todos son eléctricos. Este ejemplo real demuestra que una correcta gestión colaborativa de la distribución urbana –apoyada en centros de consolidación y flotas limpias– aporta beneficios tanto logísticos como ambientales.

6.2. Smart Cities e iniciativas en ciudades para la gestión de la DUM

El concepto de Smart City implica una ciudad que integra tecnología y datos para mejorar la calidad de vida de la ciudadanía.

En el ámbito logístico, muchas ciudades están adoptando iniciativas orientadas a una DUM más sostenible, como:

- Zonas de carga y descarga inteligentes, con control de tiempos mediante sensores y apps.
- Horarios de entrega adaptados, permitiendo entregas nocturnas en vehículos silenciosos.
- Uso de datos abiertos para coordinar mejor los flujos logísticos entre operadores y administraciones.

Fig. 15. El proyecto europeo CITYLAB ha impulsado casos de éxito en Smart Logistics en múltiples ciudades europeas, promoviendo la colaboración público-privada

6.3. Uso de Vehículos de Energía Alternativa en la distribución

Una de las medidas más eficaces para reducir las emisiones de carbono en la distribución urbana es la incorporación de vehículos de energía alternativa en la flota de reparto.

Entre los más utilizados destacan:

- Vehículos eléctricos, ideales para la última milla por su baja contaminación acústica y nulas emisiones locales.
- Furgonetas híbridas o a gas natural, que combinan autonomía y eficiencia energética.
- Bicicletas de carga o triciclos eléctricos, que se están imponiendo en áreas de alta peatonalización y accesibilidad limitada.

Su uso se ve incentivado por normativas municipales, ayudas públicas y beneficios fiscales, especialmente en zonas de bajas emisiones.

Fig. 16. Los vehículos sostenibles, como los eléctricos, contribuyen a reducir las emisiones contaminantes en las ciudades y son clave en las estrategias de movilidad urbana respetuosa con el medio ambiente

7. Conocimiento de las nuevas tendencias y tecnologías para la gestión de este eslabón de la cadena de suministro

La logística urbana se encuentra en rápida evolución, impulsada por innovaciones tecnológicas y nuevas tendencias que buscan transformar el eslabón de la última milla en más inteligente, automatizado y sostenible.

7.1. Uso de apps de gestión de espacios DUM

A continuación, se presentan algunas de las tendencias y tecnologías más destacadas que están remodelando la gestión de la distribución urbana de mercancías:

- **Digitalización e inteligencia artificial:** La analítica de datos y la IA se aplican cada vez más para predecir demandas, optimizar inventarios urbanos y planificar rutas dinámicamente. Algoritmos de aprendizaje automático analizan historiales de entregas, patrones de tráfico y comportamientos de clientes para proponer mejoras continuas. Por ejemplo, sistemas predictivos pueden indicar la carga óptima para cada vehículo cada día, o sugerir reubicar stock en micro-almacenes cercanos a zonas de alta demanda. Asimismo, la IA permite sistemas de *ruta en tiempo real* que reconfiguran el itinerario sobre la marcha si detectan un atasco o una cancelación, manteniendo alta eficiencia.

- **Vehículos autónomos y robots de reparto:** Una tendencia en desarrollo es la incorporación de vehículos de reparto autónomos, ya sean furgonetas sin conductor o pequeños robots sobre ruedas para entregas de última yarda. Varias empresas han probado robotitos que circulan por aceras entregando paquetes livianos en distancias cortas, o drones aéreos para llevar pedidos urgentes a zonas difíciles. Aunque todavía enfrentan retos regulatorios y de seguridad, se vislumbra que en un futuro podrían complementar a los repartidores humanos, haciéndose cargo de entregas rutinarias o nocturnas. La gestión de estos sistemas requerirá plataformas de control de flotas autónomas, coordinación con autoridades (para rutas de drones, por ejemplo) y protocolos de interacción con clientes (cómo el robot notifica su llegada, etc.).

- **Entrega colaborativa y economía compartida:** Aplicando el modelo de economía colaborativa al reparto, surgen soluciones como plataformas donde particulares o conductores independientes realizan entregas aprovechando viajes que ya iban a hacer. Un caso es el *crowdshipping*, en el que una persona particular recoge un paquete de un vecino o de una tienda local y lo lleva a su destino a cambio de una remuneración, similar a como funcionan Uber o Glovo en otros ámbitos. Estas plataformas tecnológicas conectan excedentes de capacidad (gente dispuesta a transportar algo) con demanda de envíos rápidos. Si bien plantean desafíos de control de calidad y trazabilidad, su correcta gestión (con sistemas de reputación, verificaciones y algoritmos de asignación) puede reducir vehículos ociosos: por ejemplo, evitar que un furgón haga un viaje si un vecino en su auto ya puede acercar ese paquete.

- **Sistemas inteligentes de tráfico y ciudades conectadas:** En una ciudad inteligente (Smart City), la logística urbana se integra con infraestructuras conectadas. Semáforos inteligentes que priorizan el paso de vehículos de reparto en ciertas horas, sensores en zonas de carga/descarga que informan en tiempo real de espacios libres a los repartidores, o incluso gestión centralizada de flujos de entrega son tendencias incipientes. Algunas ciudades han implementado apps donde el transportista reserva un slot de estacionamiento para su camión, reduciendo vueltas innecesarias. Otras comparten datos abiertos de tráfico para que las empresas los incorporen en sus sistemas de ruteo. Esta cooperación entre sector público y privado mediante tecnología permite una gestión más sincronizada: la ciudad brinda información y facilidades, y a cambio las entregas se realizan de manera más ordenada y con menos impacto.

- **Blockchain y trazabilidad avanzada:** Aunque en etapas iniciales en logística urbana, la tecnología blockchain se explora para mejorar la trazabilidad y seguridad en la entrega de mercancías. Mediante registros distribuidos inmutables, cada evento de la cadena de suministro urbana (salida de almacén, recepción en *hub*, entrega efectuada) podría quedar certificado digitalmente, aumentando la confianza y reduciendo disputas sobre si una entrega se hizo o no en hora. *Smart contracts* podrían automatizar pagos al momento de confirmarse la entrega en el bloque de la cadena. Esta tendencia requiere estandarización y adopción conjunta por múltiples actores para ser efectiva.

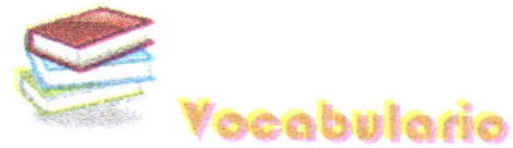

Vocabulario

- **Última yarda (*last yard*):** tramo final del proceso logístico, que se refiere a los metros previos a la entrega al cliente (por ejemplo, de la acera a la puerta). Es una parte crítica de la logística urbana.
- **Entrega colaborativa o *crowdshipping*:** modelo de reparto basado en la economía colaborativa, donde personas particulares realizan entregas aprovechando trayectos que ya iban a hacer. Se organiza a través de plataformas digitales que conectan oferta y demanda de envíos.
- **Blockchain:** tecnología que permite crear registros digitales seguros, inalterables y compartidos entre múltiples partes. En logística, se aplica para certificar cada paso de una entrega, mejorar la trazabilidad y reducir fraudes o errores.
- ***Smart contracts* (contratos inteligentes):** programas que se ejecutan automáticamente cuando se cumplen determinadas condiciones. En logística, por ejemplo, pueden realizar un pago instantáneo en cuanto se confirma una entrega registrada en blockchain.

Saber más

Una de las innovaciones más visibles son los drones de entrega de último kilómetro. Empresas líderes han experimentado con drones para enviar desde medicamentos urgentes hasta comida a domicilio. Los drones evitan la congestión terrestre volando directamente al cliente, reduciendo los tiempos en entornos favorables. Sin embargo, su implementación masiva encara desafíos: regulación del espacio aéreo urbano, capacidad de carga limitada (generalmente paquetes pequeños de hasta 2-5 kg), dependencia del clima, y aceptación pública (ruido, privacidad).

En zonas rurales o aisladas ya prestan servicio regular (por ejemplo, entregando suministros médicos en comunidades remotas). En la ciudad, se espera que puedan integrarse para nichos específicos (entregas ultrarrápidas de emergencia) complementando, pero no sustituyendo, a los métodos tradicionales. Es un campo a seguir de cerca, pues los avances tecnológicos y regulatorios en los próximos años determinarán si los drones se convierten en un habitual sobre los tejados de nuestras ciudades.

7.2. Uso de drones en DUM

Los drones representan una tecnología emergente con potencial para revolucionar la entrega de pequeños paquetes en entornos urbanos, especialmente cuando se busca evitar congestión o acceder a zonas peatonales.

Entre sus principales ventajas están:

- Rapidez de entrega en zonas urbanas densas.
- Acceso a lugares de difícil acceso terrestre.
- Reducción del tráfico rodado y de las emisiones contaminantes.

Sin embargo, su uso aún está limitado por barreras regulatorias, requisitos de seguridad y dificultades técnicas como la autonomía o la capacidad de carga.

Actualmente, se están desarrollando proyectos piloto en entornos controlados, como campus universitarios o áreas sanitarias, con resultados prometedores. Además, se están explorando combinaciones de drones con *microhubs* logísticos urbanos, desde los cuales despegan para realizar entregas de última milla.

Fig. 17. Los sistemas de entrega urbana con drones permiten distribuir paquetes de forma rápida y autónoma en zonas urbanas, reduciendo el tráfico y las emisiones

7.3. Digitalización de procesos en DUM

La digitalización en la distribución urbana permite integrar datos, procesos y dispositivos para lograr una logística más eficaz, sostenible y trazable.

Las principales líneas de digitalización son:

- Plataformas de gestión integradas (TMS/ERP) para controlar inventarios, rutas y entregas en tiempo real.

- Sensores en vehículos y mercancías que informan sobre ubicación, temperatura o condiciones del transporte.
- Uso de big data y análisis predictivo para anticipar la demanda o los puntos de congestión.
- Emisión digital de documentos logísticos, eliminando el uso de papel y facilitando la trazabilidad.

La digitalización contribuye directamente a la mejora de la toma de decisiones, la transparencia de las operaciones y el cumplimiento normativo. Un ejemplo sería implementar un sistema digital de gestión de entregas que permite a los comerciantes ver en tiempo real el estado de sus pedidos.

Fig. 18. Un panel de control logístico digital con indicadores de entregas, alertas y mapa en tiempo real permite supervisar toda la cadena de distribución al instante

8. Análisis de la necesidad de disponer de una logística inversa y su forma de gestionarla

En un contexto de creciente concienciación ambiental y auge del comercio electrónico, disponer de una logística inversa eficaz se ha vuelto imprescindible para las empresas.

8.1. Diferentes necesidades que justifican la implantación de un sistema de logística inversa

La logística inversa comprende todos los procesos relacionados con el flujo de retorno de productos, envases y materiales desde su punto de consumo de vuelta al origen (fabricante, distribuidor) o a centros de recuperación y reciclaje.

Analicemos por qué es necesaria esta logística de retorno y cómo debe gestionarse:

- **Devoluciones de clientes y servicio posventa:** Con las ventas online, los porcentajes de devoluciones de productos han aumentado considerablemente (por talla incorrecta, insatisfacción, etc.). La empresa necesita una manera de recoger esos productos devueltos del cliente, verificar su estado y decidir si pueden volver a venderse. Una buena logística inversa mejora la satisfacción del cliente porque ofrece devoluciones fáciles y rápidas, lo que se ha vuelto un factor competitivo en muchos sectores (por ejemplo, moda online con políticas de devolución gratuita).

- **Recuperación de valor económico:** Muchos productos al final de su uso todavía tienen un valor residual.

Por ejemplo, equipos electrónicos que pueden reacondicionarse, cartuchos de tóner que pueden rellenarse, palés y envases industriales que pueden reusarse. En lugar de desecharlos directamente, la logística inversa los recupera, clasificándolos según convenga reutilizar, reparar, refabricar o reciclar. Esto permite a la empresa aprovechar materiales ya invertidos, reduciendo costes de materia prima (si recicla materiales para producir nuevos) o generando ingresos adicionales (vendiendo producto reacondicionado).

- **Cumplimiento normativo y responsabilidad ambiental:** En muchos países existen regulaciones que obligan al productor a hacerse cargo de los residuos de sus productos (leyes de RAEE para aparatos electrónicos, de neumáticos fuera de uso, etc.). Aún sin obligación legal, la presión por la sostenibilidad lleva a las empresas a implementar programas de logística inversa para minimizar residuos. Tener un sistema para recoger productos usados y reciclarlos reduce el impacto ambiental y mejora la imagen corporativa. Forma parte de la responsabilidad social empresarial y del tránsito hacia la economía circular.

- **Optimización de la cadena y control de inventario:** Gestionar devoluciones e incidencias (por ejemplo, entregas fallidas que retornan al almacén) es parte de mantener un control de stock exacto. Una logística inversa bien administrada evita pérdidas de productos en el camino de vuelta y permite actualizar el inventario en sistema, de modo que esos artículos devueltos queden disponibles de nuevo (si son vendibles) o se descarte su valor adecuadamente. Sin un proceso claro, las devoluciones pueden convertirse en "mercancía fantasma" almacenada sin darles salida.

La **gestión de la logística inversa** implica diseñar un flujo de trabajo específico, muchas veces paralelo al flujo de envío normal, pero en sentido contrario.

Algunas pautas para gestionarla eficazmente:

1. **Sistema de recolección:** Establecer canales para que el producto retorne desde el cliente o punto de consumo. Puede ser mediante recogida en domicilio (el transportista va a buscar la devolución), puntos de entrega (el cliente lleva el producto a una tienda u oficina de correos) o contenedores específicos (caso de envases o baterías usadas). Este paso debe estar claramente organizado y comunicado al usuario final: etiquetas de devolución preimpresas, instrucciones de embalaje, etc.

2. **Recepción y clasificación inicial:** Cuando el producto regresado llega al centro de devoluciones o almacén inverso, se registra su entrada y se inspecciona. Aquí se determina la categoría: por ejemplo, en comercio minorista, se separan productos en perfecto estado (aptos para reventa directa), con pequeños defectos (posible reparación o liquidación), defectuosos (devolver a proveedor o desechar) o directamente residuos (para reciclar). Esta clasificación es crítica,

pues define cuál será el destino posterior de cada ítem. Conviene asignar personal y espacio dedicado para agilizar esta tarea sin confundir estos flujos con los de mercancía nueva.

3. **Procesamiento según destino:** Dependiendo de la clasificación, la gestión sigue diferentes caminos:
   - o **Reintegración a stock:** Si el producto está en condiciones óptimas, se vuelve a ingresar en inventario para su venta. Esto puede requerir reembalado, nueva etiqueta o simplemente ubicarlo en la estantería correspondiente.
   - o **Reparación o reacondicionamiento:** Productos con algún desperfecto, pero recuperables (electrónica, electrodomésticos, etc.) se envían a un área técnica donde se reparan o ponen a punto para luego venderse (quizá como reacondicionados a menor precio).
   - o **Reciclaje o eliminación segura:** Si son residuos o productos sin valor de reutilización (por ej. aparatos rotos irreparables), se canalizan al proceso de reciclaje. Esto supone extraer componentes aprovechables, separar materiales (plástico, metal, vidrio) y disponer correctamente los desechos peligrosos. La logística inversa debe coordinar con gestores de residuos autorizados para retirar esos materiales.
   - o **Devolución a proveedor:** En casos donde la causa de devolución sea un fallo de fabricación o acuerdos comerciales de retorno (algunos fabricantes aceptan retornar stock no vendido), la gestión incluye preparar envíos consolidados de vuelta al proveedor.

4. **Documentación y trazabilidad:** Igual que en la logística directa, en la inversa se deben emitir documentos para registrar cada paso (notas de devolución, comprobantes de destrucción, etc.) y garantizar trazabilidad. Un sistema informático integrado ayudará a que cuando un cliente devuelva algo, quede constancia de si ya fue reintegrado, reemplazado o abonado. Asimismo, para fines ambientales, se debe poder reportar cuántos residuos se han recuperado y cómo se han gestionado.

5. **Retroalimentación y mejora continua:** La logística inversa ofrece información muy valiosa: motivos de devoluciones frecuentes, porcentaje de producto defectuoso, errores en picking que causaron entregas equivocadas, embalajes inadecuados, etc. Gestionarla bien implica analizar estos datos y retroalimentar a otros departamentos (mejorar la calidad del producto para reducir devoluciones, ajustar descripciones en tienda online para evitar expectativas erróneas, formar al personal de almacén). Así, se cierra el círculo mejorando todo el proceso logístico.

Anotación

La logística inversa está íntimamente ligada al concepto de las 3R: Reducir, Reutilizar, Reciclar. Gestionarla correctamente permite a la empresa reducir residuos evitando productos desechados innecesariamente, reutilizar componentes, envases o productos completos al reincorporarlos al ciclo de venta, y reciclar materiales cuando ya no quedan más usos posibles. De este modo, la logística inversa no solo minimiza impactos ambientales, sino que genera ahorros económicos y eficiencia en la cadena de suministro. Una empresa que recupera y reusa embalajes, por ejemplo, ahorra en compra de nuevos embalajes; una que recicla materia prima de productos devueltos reduce sus costos de producción futuros. En definitiva, la logística inversa se ha convertido de ser un "añadido" opcional a ser una necesidad estratégica para cualquier cadena de suministro moderna que aspire a ser integral, rentable y sostenible.

8.2. Logística inversa de artículos usados para reciclado o destrucción

En este tipo de logística inversa, el objetivo es retirar productos del mercado una vez finalizada su vida útil para tratarlos de forma sostenible.

Este proceso implica:

- Recogida selectiva de productos usados o inservibles (electrodomésticos, pilas, ropa...).
- Clasificación y separación en centros logísticos o puntos limpios.
- Envío a plantas de reciclado, valorización energética o destrucción controlada.

Esta modalidad está muy regulada en sectores como los **RAEE** (residuos de aparatos eléctricos y electrónicos), envases, vehículos fuera de uso o productos textiles.

Además, exige una coordinación entre fabricantes, distribuidores, consumidores y gestores autorizados de residuos.

Ejemplo

Una empresa de electrodomésticos envasados incorpora un sistema de recogida en el hogar del aparato antiguo al entregar uno nuevo, gestionando su traslado a una planta de desmontaje autorizada.

Fig. 19. La logística inversa gestiona la recogida y tratamiento de residuos como electrodomésticos, pilas o ropa, garantizando su reciclaje o destrucción conforme a la normativa ambiental

8.3. Logística inversa para un circuito de devoluciones

Este submodelo de logística inversa se centra en las devoluciones comerciales, muy habituales en sectores como moda, electrónica o comercio online.

El sistema requiere:

- Gestión rápida y trazable de solicitudes de devolución.
- Centros logísticos reversibles donde se revisan, reacondicionan o desechan los productos devueltos.

- Políticas claras de devolución y reembolso, visibles para el cliente.
- Procesos automatizados que minimicen costes y tiempos de procesamiento.

Cuando está bien gestionado, el circuito de devoluciones no solo reduce pérdidas, sino que mejora la experiencia del cliente y fideliza.

Fig. 20. El flujo logístico de una devolución en ecommerce incluye desde el cliente hasta su reentrada en almacén, con nodos de revisión y clasificación

Saber más

Las tecnologías de lectura RFID (Identificación por Radiofrecuencia) pueden facilitar la trazabilidad del artículo devuelto y agilizar su reincorporación al stock si es posible. Permiten capturar automáticamente datos almacenados en etiquetas electrónicas a través de ondas de radio, sin necesidad de contacto directo ni visión directa entre el lector y la etiqueta. Estas etiquetas pueden estar adheridas a productos, palés o contenedores, y contienen un chip con información que se transmite al lector cuando está dentro de su rango.

Existen tres tipos principales de tecnologías RFID según la frecuencia:

- Baja frecuencia (LF, 125-134 kHz): corto alcance (hasta 10 cm), útil para control de acceso o identificación de animales.
- Alta frecuencia (HF, 13,56 MHz): alcance medio (hasta 1 metro), usada en bibliotecas, tarjetas sin contacto o logística ligera.
- Ultra alta frecuencia (UHF, 860-960 MHz): largo alcance (varios metros), ideal para gestión de inventario, trazabilidad en almacenes y control logístico masivo.

9. Identificación de los sistemas integrados de gestión que rigen en algunos sectores para la gestión de residuos

En varios sectores productivos se han establecido los llamados Sistemas Integrados de Gestión (SIG) de residuos, entidades que organizan y financian la recogida y tratamiento adecuado de ciertos residuos provenientes de productos puestos en el mercado. Estos sistemas surgen generalmente por obligaciones legales de Responsabilidad Ampliada del Productor (RAP), donde los fabricantes e importadores deben responsabilizarse del fin de vida de sus productos.

9.1. Diseño conceptual de un sistema integrado de gestión (SIG)

A continuación, se identifican algunos sectores clave y sus SIG correspondientes:

- **Envases y embalajes:** Es uno de los ámbitos pioneros en implementar sistemas integrados. Las empresas que ponen productos envasados en el mercado contribuyen económicamente a un SIG de envases, que se encarga de la recogida selectiva y reciclaje de esos envases una vez usados por el consumidor. Un ejemplo típico es el sistema del Punto Verde, presente en muchos países europeos: los fabricantes pagan una tarifa por cada envase (según material y peso), y una organización (como Ecoembes en España, Green Dot en otros países) coordina con ayuntamientos la recogida de contenedores amarillo, verde, azul, etc., y gestiona el reciclaje del plástico, metal, papel o vidrio. Gracias a este sistema integrado, se reciclan millones de toneladas de envases anualmente, evitando que terminen en vertederos y fomentando la economía circular del *packaging*.

- **Residuos de aparatos eléctricos y electrónicos (RAEE):** Los dispositivos electrónicos al acabar su vida útil contienen materiales valiosos (metales, plásticos) pero también potencialmente contaminantes (baterías, componentes con sustancias peligrosas). En muchos lugares existe la obligación de recogerlos y tratarlos por vías especializadas. Los productores de electrónica suelen adherirse a un SIG de RAEE, el cual instala puntos de recogida (clean points, contenedores en tiendas) donde los ciudadanos depositan sus aparatos usados. Luego organiza su transporte a plantas de reciclaje. En España, por ejemplo, operan varias fundaciones y entidades SIG como Recyclia (que agrupa Ecofimática, Ecoasimelec, etc.) que gestionan la recogida de ordenadores, electrodomésticos, móviles, etc. Estos sistemas aseguran que se desmonten y reciclen adecuadamente los componentes electrónicos, recuperando cobre, aluminio, plástico y gestionando correctamente residuos peligrosos (como gases refrigerantes de neveras o mercurio de pantallas antiguas).

- **Baterías, pilas y acumuladores:** Otro sector regulado es el de las pilas y baterías, dado su contenido en metales pesados. Los fabricantes/importadores están obligados a financiar sistemas de recogida de las pilas usadas. Por ello se ven en tiendas contenedores específicos para pilas. Entidades integradas (p.ej., Ecopilas) recogen toneladas de pilas y baterías portátiles cada año y las envían a reciclaje, recuperando plomo, níquel, cadmio, litio, etc. De modo similar, las baterías de coche (acumuladores de plomo-ácido) tienen un circuito integrado: al cambiar la batería en un taller, la vieja se retorna al fabricante mediante un SIG que garantiza su reciclaje (el plomo se recupera prácticamente al 100% para hacer nuevas baterías).

- **Neumáticos fuera de uso (NFU):** Los neumáticos son altamente contaminantes si se abandonan, pero reciclables en forma de caucho triturado, asfaltos, materiales deportivos, etc. En numerosos países los productores de neumáticos se unieron para formar SIG (por ejemplo, Signus en España) que cobran una ecotasa por neumático vendido y con ello financian la recogida de neumáticos usados en talleres y puntos limpios, llevando a cabo su valorización. Hoy día gran parte de los neumáticos fuera de uso se aprovechan energéticamente o materialmente gracias a este sistema integrado.

- **Otros sectores:** Hay SIG para aceites industriales usados (que regeneran y reciclan aceites lubricantes), para envases agrarios (envases de fitosanitarios gestionados por sistemas como SIGFITO en España), e incluso sistemas de depósito y retorno para botellas (SDDR) implantados en algunos lugares. También en el sector automotriz existe la RAP de vehículos fuera de uso: aunque no es un SIG centralizado, los fabricantes costean la red de CAT (Centros Autorizados de Tratamiento), que forman una red especializada en la descontaminación, desmontaje y gestión segura de residuos como vehículos y aparatos eléctricos.

Fig. 21. En un Centro Autorizado de Tratamiento se puede entregar un vehículo al final de su vida para descontaminarlo y reciclarlo en un 85-95%

Estos sistemas integrados de gestión se caracterizan por integrar a todos los actores del sector –fabricantes, distribuidores, consumidores y gestores de residuos– bajo un esquema común. Generalmente funcionan así: el productor paga una contribución por unidad vendida a la entidad gestora, la cual se encarga de organizar la logística inversa (contenedores, rutas de recogida) y el reciclaje. Para el usuario final, el SIG suele facilitar puntos de entrega gratuitos y campañas de información (por ejemplo, "trae tus pilas al contenedor del súper"). Para la administración pública, los SIG representan un modelo eficiente donde el coste del reciclaje recae en quienes ponen el producto en mercado (internalizando el costo ambiental) en lugar de en el erario público.

Un buen indicador de éxito de estos sistemas son las tasas de reciclaje logradas. Gracias a los SIG, se alcanzan porcentajes de recuperación elevados en sectores antes problemáticos. Por ejemplo, en algunos países europeos se recicla más del 70% de los envases domésticos y prácticamente el 100% de las baterías de plomo de automóviles, cifras impensables sin una gestión integrada. Sin embargo, los SIG también enfrentan desafíos: deben evitar el fraude (productores que no se adhieren y "free riders" que no pagan su cuota), mejorar la eficiencia para que las aportaciones económicas no sean excesivas y adaptarse a nuevos flujos (como paneles solares o baterías de coche eléctrico, productos emergentes que requerirán sistemas similares). En cualquier caso, la existencia de SIG muestra cómo la logística inversa puede escalarse a nivel sectorial, logrando economías de escala y cumplimiento normativo colectivo, en pro de una economía más circular y responsable.

9.2. Apps de gestión de residuos

La digitalización también ha llegado al ámbito de la gestión de residuos, y cada vez son más frecuentes las aplicaciones móviles y plataformas online diseñadas para facilitar el control, trazabilidad y optimización de procesos dentro de un SIG.

Estas apps permiten:

- Registrar y notificar residuos generados o recogidos.
- Acceder a calendarios de recogida por tipología y localización.
- Generar informes para cumplimiento normativo.
- Conectar a ciudadanos, empresas y gestores en tiempo real.

En algunos sectores, estas herramientas son obligatorias para garantizar el seguimiento y control de la cadena de reciclado o tratamiento final.

Saber más

En el sector agrícola, algunas apps permiten a los agricultores registrar los envases fitosanitarios usados y gestionar su recogida a través del sistema SIGFITO.

SIGFITO es un Sistema Integrado de Gestión que se encarga de la recogida y valorización de envases agrarios usados, especialmente los envases de productos fitosanitarios (como pesticidas, herbicidas y fertilizantes químicos) en el sector agrícola. Su función principal es garantizar que estos envases, una vez vacíos, no sean abandonados ni eliminados de forma inadecuada, sino que sean recogidos en puntos autorizados, para ser reciclados o valorizados energéticamente de acuerdo con la normativa ambiental.

Existen diversas aplicaciones útiles para la gestión de residuos. Por ejemplo:

- **miResiduo:** Facilita el seguimiento del movimiento y tratamiento de residuos, ayudando a tomar decisiones más eficientes.
- **Apps de reciclaje:** Permiten gestionar residuos domésticos, localizar puntos de recogida y aprender buenas prácticas de reciclaje.
- **Software ERP para residuos:** Soluciones empresariales que integran y optimizan la gestión de residuos en todas sus fases.
- **Grinclic:** Ofrece control y trazabilidad de residuos, incluyendo la generación de declaraciones y la solicitud de recogidas.
- **Ecocero:** Reúne diversas aplicaciones centradas en la gestión de residuos según el tipo, ayudando a elegir la más adecuada para cada usuario.

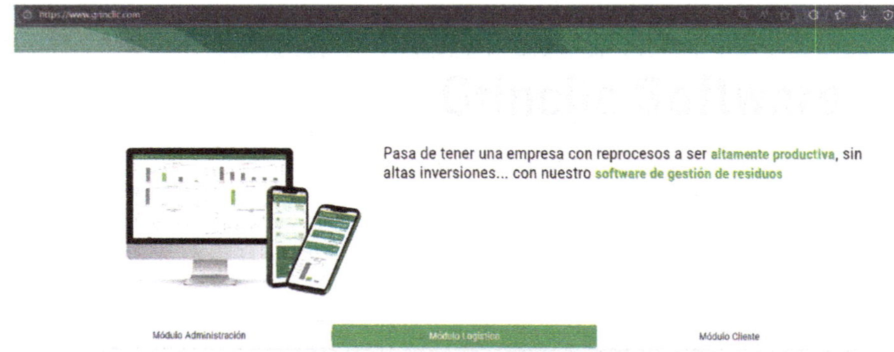

Fig. 22. Grinclic es un software multiplataforma que centraliza en módulos de administración, logística y cliente toda la gestión de residuos

9.3. Casos de éxito en la aplicación de estos sistemas de gestión

Como sabemos, los **SIG (Sistemas Integrados de Gestión)** son organizaciones autorizadas, generalmente sin ánimo de lucro, que se encargan de coordinar la recogida, tratamiento y reciclaje de determinados residuos específicos, garantizando el cumplimiento de la normativa ambiental. Financiados por los productores que ponen productos en el mercado, su función es asegurar que, una vez finalizada la vida útil del producto, este sea gestionado de forma adecuada.

En España, la gestión de residuos mediante Sistemas Integrados de Gestión (SIG) se organiza a través de distintas entidades especializadas según el tipo de residuo: **Ecoembes** se encarga de todos los materiales contenidos en los envases domésticos (como plásticos, metales, cartón o papel); **Ecovidrio** se dedica exclusivamente al reciclaje de los envases de vidrio; y **SIGRE** gestiona tanto los medicamentos caducados o no utilizados como sus respectivos envases.

Estos sistemas han conseguido generar conciencia social y una mayor participación ciudadana en la gestión responsable de residuos.

10. Visión general del concepto de economía circular y sus implicaciones en la gestión operativa

La economía circular es un modelo económico y de producción que busca romper con el esquema lineal tradicional de "tomar – hacer – desechar". En su lugar, propone un sistema regenerativo en el que los recursos se mantienen en uso el mayor tiempo posible, extrayendo de ellos el máximo valor y reduciendo al mínimo la generación de residuos. Esta visión amplia de la economía circular tiene profundas implicaciones en la gestión operativa de empresas y cadenas de suministro, llevando a replantear procesos logísticos, de producción y de consumo.

10.1. Implicaciones para el productor en la gestión de los residuos que genera

A continuación, se resumen los principios de la economía circular y cómo impactan la gestión operativa.

Los principios de la economía circular son:

- **Diseño para la durabilidad, reutilización y reciclaje:** Los productos se conciben desde su creación pensando en su ciclo completo de vida. Esto significa elegir materiales reciclables, diseños modulares que faciliten reparaciones o actualizaciones, y embalajes retornables o biodegradables. Así, desde la fase de diseño se está facilitando la logística inversa y la recuperación futura.

- **Mantenimiento del valor y ciclo cerrado:** En vez de desechar productos tras su uso, la circularidad promueve estrategias de reutilización (segunda mano), reacondicionamiento (refurbish), remanufactura (fabricar de nuevo usando piezas de usadas) y por último reciclaje de materiales para hacer nuevos productos. Se trata de crear cadenas de suministro cerradas (*closed-loop supply chains*) donde los residuos de unos procesos son insumos de otros, imitando el ciclo de nutrientes en la naturaleza.

- **Servicios en lugar de propiedad (economía funcional):** Un cambio de paradigma es ofrecer productos como servicio.

Por ejemplo, en vez de vender un aparato, la empresa lo alquila o lo mantiene en propiedad y vende la función que cumple (p.ej., horas de iluminación en lugar de bombillas). Esto incentiva al fabricante a hacer productos longevos y recuperarlos para reuso, alineándose con la circularidad.

- **Energía renovable y eficiencia:** La circularidad también abarca usar energías renovables en los procesos (alimentar fábricas y transporte con fuentes limpias) y mejorar la eficiencia energética y de recursos.

Adoptar la economía circular conlleva ajustes en la gestión diaria:

- **Implementación de la logística inversa a gran escala:** Como se vio en 4.8, recuperar productos y materiales pasa de ser marginal a ser central. Las empresas deben establecer redes de devolución (recogidas a clientes, centros de acopio) e incluso colaborar entre sí para recoger productos al final de su vida útil. Operativamente, esto significa más movimientos de retorno, necesidad de almacenes para materiales recuperados y procesos para inspeccionar, limpiar y reacondicionar. Por ejemplo, una empresa de impresoras con economía circular tendrá un sistema para recuperar cartuchos vacíos, remanufacturarlos y enviarlos de nuevo al mercado, integrando esas actividades en su cadena de suministro estándar.

- **Cambios en el control de inventario y planificación:** En la circularidad, las materias primas no solo provienen de proveedores tradicionales, sino también de flujos reciclados internos. Las fábricas podrían recibir plástico reciclado de sus propios productos en lugar de resina virgen, o piezas recuperadas listas para montar. Esto exige sistemas de planificación que integren proveedores de material reciclado, con sus variabilidades (no siempre habrá la misma cantidad de retornos cada mes). Además, los inventarios pueden incluir categorías como "productos reacondicionados" para venta de segunda vida. La gestión operativa se vuelve más compleja pero también más resiliente, al diversificar las fuentes de materiales.

- **Colaboración en la cadena de valor:** La economía circular a menudo requiere colaboración estrecha entre empresas que tradicionalmente no interactuaban. Por ejemplo, un fabricante puede asociarse con una empresa de reciclaje para asegurar calidad del material recuperado, o varios fabricantes pueden compartir un sistema de depósito para envases reutilizables. Operativamente, se crean sinergias: quizá se consoliden transportes inversos (los camiones que entregan productos nuevos recogen los usados en el mismo viaje de retorno vacío), o se compartan centros logísticos de clasificación de retornos. La gestión colaborativa deviene una capacidad importante para circularidad, rompiendo silos entre departamentos y entre empresas.

- **Métricas e indicadores nuevos:** En un entorno circular, las empresas deben hacer seguimiento de indicadores más allá del puro volumen de ventas. Cobran importancia métricas como la tasa de recuperación (qué porcentaje de producto vendido vuelve al final de su vida), el porcentaje de contenido reciclado en productos nuevos, la extensión de vida útil de los productos (tiempo que permanecen en uso antes de ser devueltos) y la reducción de huella de carbono lograda por reutilización vs fabricar nuevo. Operativamente, se integran estos objetivos en los KPIs de logística y producción. Por ejemplo, un centro de distribución no solo medirá cuántos pedidos expidió, sino también cuántos retornos procesó y reincorporó.

Fig. 23. El modelo de economía circular reduce la extracción de recursos y minimiza residuos, transformando la gestión operativa tradicional

Grandes compañías están abrazando la circularidad con resultados tangibles. Un caso es un fabricante de computadores que rediseñó su cadena para recoger equipos viejos de sus clientes, extraer componentes útiles (chips, chasis de plástico), fundir metales preciosos y reincorporarlos en nuevas placas y carcasas. Gracias a ello, ha reducido su consumo de aluminio y plásticos vírgenes, abaratando costes y evitando toneladas de residuos electrónicos. Otro ejemplo se observa en la industria textil, donde marcas recolectan ropa usada en sus tiendas para reciclarla en fibras o hacer nuevos productos, cerrando el bucle de la moda. Estos casos ilustran cómo las implicaciones operativas de la economía circular –aunque exigen cambios profundos en logística, diseño y colaboración– conllevan beneficios sistémicos: menos dependencia de materias primas escasas, menos residuos que gestionar y una cadena de suministro más sostenible y resistente a fluctuaciones.

10.2. Responsabilidad ampliada del productor a las empresas que comercializan

La responsabilidad ampliada del productor (RAP) es un principio legal que exige que las empresas que ponen productos en el mercado también se responsabilicen de su recogida y tratamiento al final de su vida útil. Esta obligación recae tanto sobre los fabricantes como sobre las empresas que los comercializan bajo marca propia.

Las implicaciones principales son:

- Adhesión a Sistemas Integrados de Gestión o creación de uno propio.
- Financiación de la recogida selectiva y reciclaje de sus residuos.
- Informes periódicos a las administraciones públicas.
- Etiquetado y trazabilidad de productos conforme a las directivas europeas.

Esta medida busca internalizar los costes ambientales dentro del modelo de negocio, incentivando prácticas más sostenibles.

Una empresa de cosméticos que distribuye productos envasados debe costear la recuperación y reciclaje de esos envases mediante su contribución a un SIG autorizado.

10.3. Diseños de producto orientados a la economía circular

Diseñar para la economía circular implica repensar cómo se fabrican los productos para que generen menos residuos, sean más sostenibles y fomenten la reutilización.

Algunos principios clave del diseño circular son:

- Utilización de materiales reciclados y reciclables.
- Reducción de componentes y facilidad de desmontaje.
- Diseños modulares o reparables para prolongar la vida útil.
- Inclusión de materiales biodegradables cuando sea posible.

Este tipo de diseño es más ecológico, y, además permite a las empresas diferenciarse por su compromiso con el medio ambiente y adaptarse mejor a regulaciones futuras.

Fig. 24. El ecodiseño ya es obligatorio en sectores como electrodomésticos o automoción según la Directiva de Eficiencia Energética de la UE

Resumen

La gestión del transporte combina distintos modos (carretera, tren, barco, avión, etc.) para optimizar costes, tiempos y sostenibilidad. Se distinguen el transporte intermodal (varios contratos) y el multimodal (uno solo), ambos regulados por convenios internacionales. Para facilitar los transbordos se usan contenedores estandarizados y UTIs.

En la distribución urbana, los principales retos son la congestión, las emisiones, la falta de zonas de carga y los altos costes. Se proponen soluciones como centros de consolidación urbana, vehículos eléctricos, horarios escalonados, lockers y tecnologías de ruteo. Las Smart Cities aplican sensores y apps para mejorar la logística.

La logística inversa gestiona devoluciones y residuos, permitiendo recuperar valor, cumplir normativas y mejorar la sostenibilidad. Se apoya en sistemas como RFID y procesos bien estructurados. Los SIG (como Ecovidrio o Ecoembes) agrupan a productores para financiar la recogida y reciclaje de residuos específicos.

Por último, la economía circular exige rediseñar productos y procesos para reducir residuos, reutilizar materiales y alargar la vida útil. La responsabilidad ampliada del productor obliga a asumir los costes de reciclaje, lo que impulsa el ecodiseño y la logística sostenible.

Glosario

ADR

Normativa para el transporte de mercancías peligrosas por carretera.

AWB (Air Waybill)

Carta de porte aérea que documenta el transporte internacional por avión.

B/L (Bill of Lading)

Documento utilizado en transporte marítimo que acredita la carga y actúa como título de propiedad.

Crowdshipping

Entregas realizadas por particulares que aprovechan desplazamientos propios para repartir paquetes.

DUM (Distribución Urbana de Mercancías)

Reparto de productos dentro de entornos urbanos, también conocida como última milla.

Ecodiseño

Diseño de productos pensado desde su origen para facilitar su reparación, reutilización, reciclaje o reducción del impacto ambiental.

Economía circular

Modelo que busca mantener los recursos en uso el mayor tiempo posible, reduciendo residuos y promoviendo la reutilización y el reciclaje.

Lockers

Taquillas automáticas donde los usuarios pueden recoger paquetes sin necesidad de entrega domiciliaria.

Logística de última milla

Etapa final del proceso de entrega en la que el paquete llega desde el centro de distribución al consumidor final.

Logística inversa

Gestión del retorno de productos, envases o residuos desde el consumidor hasta el productor o centros de reciclaje.

Microhub (centro de consolidación urbana)

Plataforma logística localizada en la ciudad o periferia para agrupar entregas y reducir el número de vehículos.

RAP (Responsabilidad Ampliada del Productor)

Obligación legal de los fabricantes y distribuidores de hacerse cargo del tratamiento de sus productos al final de su vida útil.

SIG (Sistema Integrado de Gestión)

Organización que coordina la recogida y tratamiento de residuos en sectores regulados, financiada por los productores.

SOLAS

Convenio internacional sobre la seguridad de la vida humana en el mar.

Transporte intermodal

Uso de varios modos de transporte para una misma mercancía, pero con contratos distintos por cada tramo.

UTI (Unidad de Transporte Intermodal)

Contenedor, remolque o caja móvil estandarizada que permite transferencias entre modos sin manipular la carga.

Ejercicios de autoevaluación

1. ¿Cuál de los siguientes modos de transporte es el más eficiente para largas distancias y grandes volúmenes?

    a. Carretera.

    b. Aéreo.

    c. Marítimo.

    d. Fluvial.

2. ¿Qué caracteriza al transporte multimodal?

    a. Se contrata cada tramo por separado.

    b. Solo se usa un modo de transporte.

    c. Todo el recorrido se gestiona bajo un único contrato.

    d. Solo aplica a rutas internacionales.

3. ¿Qué documento se utiliza en el transporte por carretera internacional?

    a. B/L.

    b. AWB.

    c. CMR.

    d. CIM.

4. ¿Qué ventaja principal ofrecen los centros de consolidación urbana (microhubs)?

    a. Aumentan la velocidad de reparto en autopistas.

    b. Reducen el uso de contenedores.

    c. Agrupan entregas para reducir vehículos en el centro urbano.

    d. Reemplazan a los operadores logísticos tradicionales.

5. ¿Qué significa RAP en el contexto de la economía circular?

    a. Reducción Automática de Producción.

    b. Registro Ambiental de Productos.

    c. Responsabilidad Ampliada del Productor.

    d. Regulación de Almacenamiento de Productos.

6. ¿Cuál de las siguientes opciones corresponde a una unidad de transporte intermodal?

    a. Grúa pórtico.

    b. Vehículo de combustión.

    c. Caja móvil.

    d. Estantería modular.

7. ¿Qué problemática genera la distribución urbana de mercancías (DUM)?

    a. Disminución del comercio online.

    b. Congestión del tráfico y aumento de emisiones.

    c. Escasez de productos en zonas rurales.

    d. Reducción de la demanda de transporte.

8. ¿Cuál es una función típica de un SIG (Sistema Integrado de Gestión)?

    a. Emitir facturas de transporte.

    b. Financiar centros logísticos.

    c. Gestionar la recogida y reciclaje de residuos.

    d. Coordinar licencias de exportación.

9. ¿Qué tecnología permite leer etiquetas electrónicas sin contacto visual directo?

a. GPS.

b. RFID.

c. ERP.

d. Blockchain.

10.¿Qué busca la economía circular aplicada a la logística?

a. Reducir el número de empleados en almacenes.

b. Maximizar el uso de materiales y minimizar residuos.

c. Aumentar los kilómetros recorridos por entrega.

d. Eliminar los contenedores retornables.

Módulo 4. Gestión integral del transporte y logística inversa

Módulo 5. tecnologías disruptivas en la supply chain

Introducción

La irrupción de las tecnologías disruptivas en el tejido productivo ha dado lugar a un cambio de paradigma conocido como industria 4.0. Este nuevo modelo se caracteriza por la interconexión inteligente de procesos, personas y máquinas, impulsada por herramientas como la inteligencia artificial, el internet de las cosas o los gemelos digitales.

En este contexto, las empresas deben aprender a identificar y evaluar oportunidades tecnológicas, y, también a anticipar los riesgos de implantaciones mal planificadas, optimizando previamente sus procesos y adecuando su estructura organizativa para asumir una transformación sostenible.

Objetivos

- Analizar las últimas tecnologías emergentes en la industria 4.0 para la gestión de la cadena de suministro y su efectividad en la aplicación a cada uno de los tramos.

1. Análisis general de tecnologías disruptivas e industria 4.0

La transformación digital y la llegada de la denominada industria 4.0 han modificado profundamente los modelos tradicionales de producción, logística y gestión empresarial.

La incorporación de tecnologías disruptivas como la inteligencia artificial, el internet de las cosas (IoT), la robótica colaborativa, el *big data* o la realidad aumentada está redefiniendo las cadenas de valor en múltiples sectores.

Este nuevo paradigma exige un análisis riguroso de la evolución tecnológica reciente, una evaluación precisa de las oportunidades de implantación y una adecuada gestión de los riesgos que conlleva la introducción de tecnologías emergentes.

1.1. Evolución de las tecnologías y las tendencias industriales en los últimos años

En las últimas dos décadas, la industria ha experimentado un avance acelerado gracias a la convergencia entre tecnologías digitales, físicas y biológicas.

Esta evolución ha pasado por distintas etapas:

- En los años 2000, se consolidó la automatización tradicional mediante sensores, PLCs y sistemas SCADA, orientados a mejorar la eficiencia y la seguridad en planta.
- A partir de 2010, el auge de internet y los dispositivos conectados dio paso a la integración de sistemas en red, permitiendo una mayor trazabilidad y coordinación en tiempo real.
- Desde 2015, la industria 4.0 ha impulsado el desarrollo de fábricas inteligentes (*smart factories*), caracterizadas por la interconexión de equipos, la analítica avanzada de datos y la toma de decisiones automatizada.

Las tendencias actuales incluyen el uso de inteligencia artificial para optimizar la planificación de la producción, el empleo de gemelos digitales para simular procesos antes de implementarlos, y la aparición de redes 5G industriales, que mejoran la conectividad y el control remoto de instalaciones.

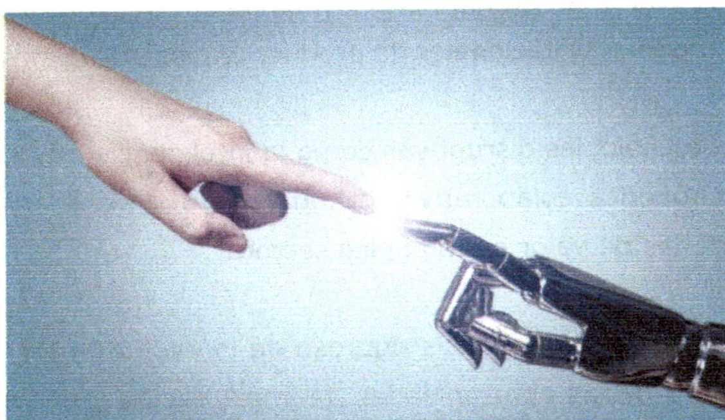

Fig. 1. Las tecnologías industriales han evolucionado desde la automatización clásica hasta la integración de soluciones de inteligencia artificial y sistemas ciberfísicos

Los siguientes gráficos exponen los datos de adopción de inteligencia artificial en las empresas españolas por sectores (Encuesta del Banco de España sobre la Actividad Empresarial y Central de Balances Integrada), diferenciando entre IA predictiva e IA generativa (valores en porcentaje):

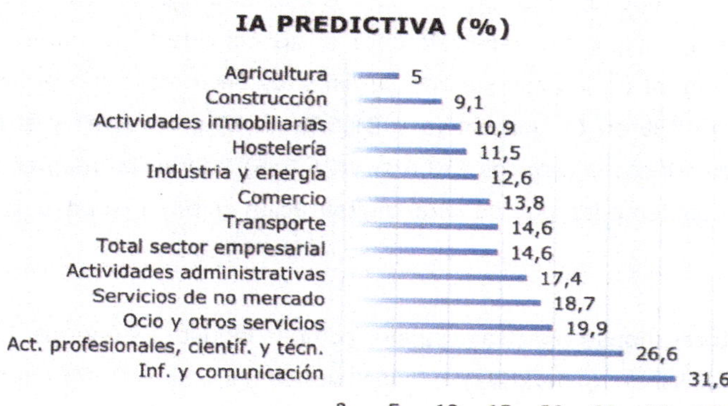

Sector	IA predictiva (%)	IA generativa (%)
Inf. y comunicación	31,6	45,7
Act. profesionales, científ. y técn.	26,6	30,4
Ocio y otros servicios	19,9	28,2
Servicios de no mercado	18,7	24,5
Actividades administrativas	17,4	20,0
Total sector empresarial	14,6	18,1
Transporte	14,6	14,7
Comercio	13,8	16,1
Industria y energía	12,6	14,0
Hostelería	11,5	16,4
Actividades inmobiliarias	10,9	12,3
Construcción	9,1	9,9
Agricultura	5,0	5,7

Los datos muestran que la adopción de IA en la industria española aún es desigual y, en muchos casos, incipiente, especialmente si se considera su papel clave en la transformación digital de las cadenas de suministro. Sectores como la información y comunicación (45,7 % en IA generativa y 31,6 % en IA predictiva) y el de servicios profesionales, científicos y técnicos (30,4 % y 26,6 %) lideran la integración de estas tecnologías, probablemente por su alta digitalización y proximidad a la innovación tecnológica.

En cambio, sectores industriales tradicionales como la industria y energía (12,6 % en IA predictiva y 14,0 % en generativa) o construcción (9,1 % y 9,9 %) muestran una integración más tímida, lo que supone un desafío importante para lograr una *supply chain* verdaderamente inteligente y eficiente.

En el contexto de la Industria 4.0, la cadena de suministro ya no se entiende como un flujo lineal, sino como un sistema interconectado que requiere capacidad de adaptación en tiempo real. Aquí, la IA predictiva desempeña un papel esencial: permite anticipar la demanda, prever fallos en maquinaria, optimizar rutas logísticas o gestionar inventarios de forma dinámica. Que solo el 14,6 % del total de empresas en España haya adoptado este tipo de IA indica que aún queda un largo recorrido para alcanzar cadenas de suministro autónomas o semiautónomas.

Por su parte, la IA generativa, cada vez más utilizada en tareas de diseño, simulación y generación de contenido técnico o visual, puede revolucionar el desarrollo de productos, la comunicación con proveedores y la personalización en procesos de manufactura. Su presencia más elevada en sectores como hostelería (16,4 %) o comercio (16,1 %) puede deberse a su aplicación en marketing o atención al cliente, pero su potencial en la industria (con solo un 14,0 %) está infrautilizado.

Los sectores con menor adopción, como la agricultura (5,0 % en IA predictiva) o las actividades inmobiliarias (10,9 %), evidencian la existencia de barreras estructurales, como la falta de talento digital, la escasa cultura del dato o la dificultad para acceder a tecnologías avanzadas. Sin embargo, son precisamente estos sectores los que más podrían beneficiarse de soluciones como sensores conectados, algoritmos predictivos para gestionar recursos escasos o automatización de procesos logísticos.

El bajo porcentaje de adopción en el sector industrial y energético debería ser especialmente alarmante en el marco de la transición hacia la industria inteligente, ya que la IA es clave para implementar modelos como el mantenimiento predictivo, los gemelos digitales o la fabricación flexible. Además, sin una integración real de la IA, será difícil avanzar hacia la sostenibilidad operativa, uno de los pilares estratégicos de la industria 4.0.

1.2. Análisis de la oportunidad de implantar una nueva tecnología

La incorporación de nuevas tecnologías debe basarse en un análisis estratégico que tenga en cuenta tanto el estado actual de la empresa como sus objetivos a medio y largo plazo. No todas las tecnologías emergentes son adecuadas para todas las organizaciones, por lo que es necesario valorar la viabilidad técnica, la capacidad de adaptación del personal, la inversión necesaria y el retorno esperado.

Entre los criterios a considerar destacan:

- **Necesidades específicas del proceso**: por ejemplo, si se detectan errores recurrentes en el picking de un almacén, podría justificarse la implantación de visión artificial o robots móviles.
- **Alineación con la estrategia corporativa**: si una empresa busca diferenciarse por sostenibilidad, puede priorizar tecnologías que reduzcan consumos o emisiones.
- **Coste-beneficio a corto y medio plazo**: analizar cuánto tiempo se necesita para amortizar la inversión tecnológica.
- **Escalabilidad**: una solución debe poder adaptarse al crecimiento futuro sin requerir cambios radicales.

Una empresa de embalajes decide implantar sensores IoT en sus líneas para monitorizar vibraciones anómalas y evitar paradas inesperadas. Tras un análisis previo, se detecta que los costes por avería superaban el 7 % anual, por lo que la inversión se amortizó en menos de un año.

Evaluar correctamente una tecnología antes de adoptarla en una empresa o proyecto logístico es esencial para evitar inversiones poco efectivas o fuera de contexto.

Para ello, se utiliza un diagrama de evaluación de oportunidad tecnológica, que analiza cinco factores clave:

- **Viabilidad.** Se refiere a si la tecnología es realista y aplicable dentro del entorno actual de la empresa.

  Incluye aspectos como:
  o Disponibilidad en el mercado.
  o Madurez tecnológica.
  o Capacidad técnica interna para implementarla.
  o Requisitos de formación o soporte técnico.

- **Impacto.** Evalúa el efecto potencial de la tecnología en la empresa.

  Puede medirse en términos de:
  1. Mejora de eficiencia operativa.
  2. Reducción de tiempos o costes.
  3. Mejora en la experiencia del cliente.
  4. Aumento de la seguridad o sostenibilidad.

- **Coste.** Incluye tanto el coste inicial de adquisición como los costes ocultos o recurrentes, como:
  o Mantenimiento.
  o Licencias.

- o Formación.
- o Renovaciones.

- **Escalabilidad.** Analiza si la tecnología puede crecer junto con la empresa o adaptarse a distintos volúmenes de operación o nuevos mercados.

  Se considera:
  - o Flexibilidad del sistema.
  - o Capacidad para integrarse con otras tecnologías.
  - o Adaptabilidad a otros centros, equipos o procesos.

- **Alineación con los objetivos empresariales.** Una tecnología debe encajar con la estrategia y prioridades de la empresa:
  - o ¿Apoya los objetivos de digitalización?
  - o ¿Contribuye a la sostenibilidad?
  - o ¿Está alineada con el modelo de negocio?

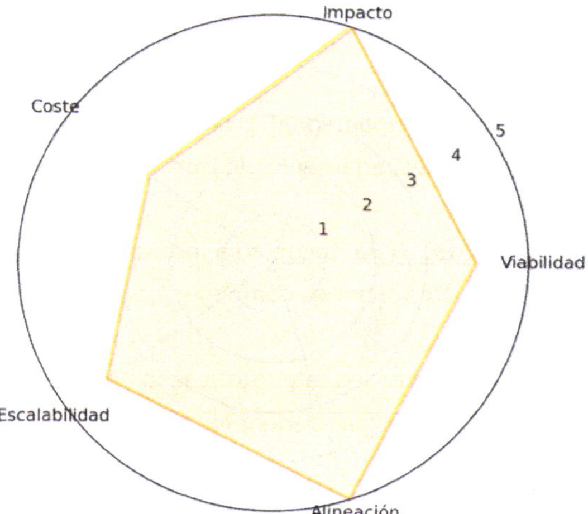

Fig. 2. Diagrama tipo radar o pentágono, donde cada eje representa uno de estos factores y se puntúa del 1 al 5. Cuanto más se acerque la figura a los vértices, mayor será el potencial global de la tecnología analizada

Este diagrama puede usarse como herramienta de decisión comparativa entre varias soluciones tecnológicas.

Por ejemplo, para elegir entre:

- Tecnología A (más barata, pero poco escalable).
- Tecnología B (más costosa, pero alineada y con alto impacto a largo plazo).

1.3. Riesgos de una implantación tecnológica inadecuada

La implantación de tecnología sin una planificación adecuada puede generar efectos negativos que afecten a la productividad, a la cohesión del equipo o incluso a la viabilidad del proyecto.

Algunos de los riesgos más frecuentes son:

- **Sobrecoste:** una inversión mal calculada puede desbordar el presupuesto previsto, especialmente si surgen problemas técnicos o necesidades de formación no contempladas.
- **Resistencia al cambio:** el personal puede mostrarse reticente si no se le informa ni se le forma adecuadamente, lo que dificulta la integración real de la tecnología.
- **Desajustes operativos:** si la tecnología no se adapta bien a los procesos existentes o requiere modificaciones complejas, puede ralentizar las operaciones en lugar de mejorarlas.
- **Obsolescencia prematura:** en algunos casos, se adoptan tecnologías que pronto quedan desfasadas o que dependen de proveedores que no garantizan soporte a largo plazo.

Una implantación inadecuada también puede afectar a la imagen de la empresa, especialmente si la tecnología impacta negativamente en la calidad del producto o en los tiempos de entrega.

Anotación

Contar con un plan de implantación gradual, pruebas piloto y seguimiento posinstalación reduce significativamente estos riesgos.

2. Conocimiento de las nuevas tecnologías emergentes y disruptivas para la gestión de la cadena de suministro

La digitalización de la cadena de suministro ha dejado de ser una opción para convertirse en una necesidad estratégica. Las nuevas tecnologías emergentes y disruptivas permiten mejorar la eficiencia, la trazabilidad, la rapidez de respuesta y la sostenibilidad en todos los eslabones del proceso logístico. Desde la previsión de la demanda hasta la última milla, las herramientas digitales ofrecen ventajas competitivas que impactan tanto en la operativa diaria como en la toma de decisiones a nivel directivo.

2.1. Aplicación de la industria 4.0 a los distintos eslabones de la cadena de suministro

La industria 4.0 ha introducido tecnologías que permiten interconectar personas, máquinas y sistemas a lo largo de todos los eslabones de la cadena de suministro. Esta conectividad facilita el flujo de datos en tiempo real y posibilita decisiones más precisas y automatizadas.

En el aprovisionamiento, por ejemplo, se emplean plataformas basadas en inteligencia artificial para prever la demanda futura y ajustar los pedidos a proveedores de forma más eficiente. En el almacenamiento, se utilizan sistemas automáticos de gestión de inventario, como robots de *picking* o sensores RFID, que mejoran la trazabilidad y reducen errores humanos.

Durante el transporte, la combinación de sistemas GPS, análisis predictivo y planificación optimizada de rutas permite reducir tiempos y emisiones. Y en el servicio postventa, los sistemas CRM integrados con análisis de datos ofrecen información clave sobre la experiencia del cliente y permiten mejoras continuas.

Frescura Natural S.L. es una compañía ubicada en Murcia dedicada a la producción y distribución de frutas ecológicas para supermercados nacionales.

1. **Aprovisionamiento.** La empresa utiliza una plataforma de inteligencia artificial que analiza datos climáticos, previsiones de demanda por región y hábitos de compra de años anteriores.

   Resultado: reduce un 25 % el desperdicio al ajustar la cosecha y los pedidos de envases y etiquetas a las necesidades reales del mercado.

2. **Almacenamiento.** En su centro logístico, incorpora robots de *picking* que seleccionan frutas según el pedido, usando cámaras y sensores para garantizar la calidad visual del producto. Además, los palés están identificados con etiquetas RFID, lo que permite conocer su ubicación y estado de maduración en tiempo real.

   Resultado: el margen de error en preparación de pedidos baja al 1 % y se mejora la trazabilidad exigida por normativas alimentarias.

3. **Transporte.** Los camiones disponen de sensores IoT para controlar la temperatura, y usan GPS con análisis predictivo para elegir rutas óptimas que eviten atascos o huelgas de transporte.

   Resultado: entregas más rápidas y menos reclamaciones por productos dañados por cambios de temperatura o retrasos.

4. **Posventa.** A través de un sistema CRM conectado a encuestas de satisfacción, detectan que los clientes valoran más las frutas con envases reciclables y entregas puntuales. El departamento de marketing lanza campañas específicas y el área de operaciones mejora los procesos con ese *feedback*.

   Resultado: mejora la fidelización de grandes cadenas como Alcampo y Mercadona.

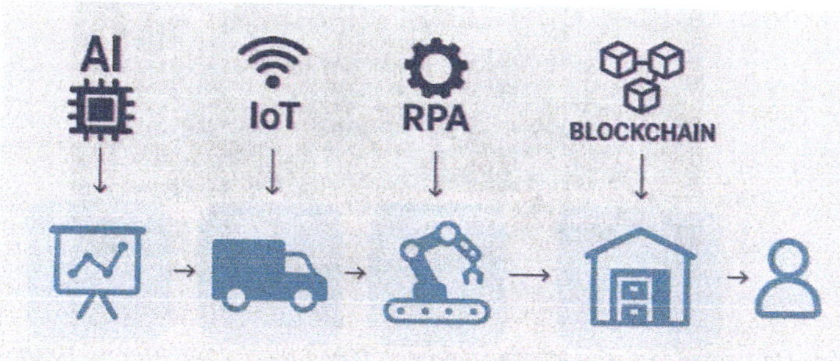

Fig. 3. Representación de los distintos eslabones de la cadena de suministro y las tecnologías 4.0 asociadas a cada uno, como IA, IoT, RPA y blockchain

2.2. Digitalización e innovación en centros logísticos

Los centros logísticos se han convertido en verdaderos *hubs* tecnológicos. La digitalización de sus procesos mejora la productividad, la precisión en la preparación de pedidos y la visibilidad del inventario en tiempo real. Esto se traduce en mayor capacidad de respuesta ante la demanda y mejor servicio al cliente.

- **Sistemas de gestión de almacén (WMS):** Un WMS (Warehouse Management System) es el núcleo digital del almacén. Este software permite controlar en tiempo real todos los procesos internos: desde la entrada de mercancías y su ubicación exacta en estanterías, hasta la preparación y expedición de pedidos. Su principal ventaja es la automatización y optimización de flujos de trabajo, como la asignación dinámica de ubicaciones según criterios de rotación (FIFO, LIFO, etc.), el control de existencias en tiempo real, y la coordinación de tareas entre operarios. Además, el WMS se suele integrar con el ERP de la empresa, lo que facilita una gestión global y coherente del inventario en toda la cadena de suministro.

Fig. 4. Un centro logístico digitalizado con flujos de trabajo automatizados permite gestionar inventarios, pedidos y envíos en tiempo real, reduciendo errores y acelerando la operativa de forma inteligente

- **Sistemas de picking por voz, luz o realidad aumentada:** El picking, o preparación de pedidos, es una de las actividades que más tiempo y errores genera en un almacén si no se optimiza adecuadamente. Las tecnologías de picking guiado permiten reducir estos errores y mejorar la productividad.

  o El *voice picking* proporciona instrucciones habladas a través de auriculares, dejando las manos libres al operario y mejorando la velocidad.
  o El *pick to light* utiliza luces LED colocadas en las estanterías que indican al operario exactamente dónde recoger el artículo.
  o La realidad aumentada (AR) proyecta información útil sobre la ubicación del producto o la ruta a seguir directamente sobre las gafas inteligentes del operario. Estas tecnologías mejoran la precisión, reducen la curva de aprendizaje y aumentan la eficiencia en entornos con alta rotación de productos.

- **Vehículos autónomos (AGV) y robots colaborativos:** Los AGV (Automated Guided Vehicles) son vehículos que se desplazan por el almacén de forma autónoma siguiendo rutas predefinidas o inteligentes, transportando mercancía entre zonas como recepción, *picking* y expedición. Su uso reduce desplazamientos manuales, evita accidentes y libera a los operarios para tareas más cualificadas.

  Por otro lado, los robots colaborativos (cobots) trabajan codo a codo con los humanos, asistiendo en operaciones como clasificación, empaquetado o carga de estanterías. No requieren jaulas de seguridad y pueden adaptarse con facilidad a distintas tareas gracias a su programación flexible. Esta automatización parcial mejora el rendimiento sin sustituir completamente al personal, lo que facilita su implantación en empresas medianas.

- **Digital twins (gemelos digitales):** Los gemelos digitales son modelos virtuales del almacén que replican en tiempo real su comportamiento físico. A través de sensores IoT y software de simulación, permiten visualizar y predecir el efecto de cambios operativos antes de aplicarlos: rediseño de zonas, incorporación de nueva maquinaria, ajuste de turnos, etc. También se utilizan para detectar cuellos de botella, planificar el mantenimiento o probar nuevos *layouts* logísticos sin interrumpir la actividad real. En entornos complejos, como centros multicliente o almacenes automatizados, el uso de gemelos digitales permite una toma de decisiones más informada y anticipativa.

- **Sistemas RFID y sensores IoT:** La tecnología RFID (Identificación por Radiofrecuencia) permite leer etiquetas colocadas en productos o palets sin necesidad de contacto ni línea de visión directa, a diferencia del código de barras. Esto permite controlar automáticamente entradas, salidas y movimientos internos de mercancía con gran precisión. Combinada con sensores IoT, es posible también monitorizar variables como temperatura, humedad, vibración o posición geográfica, lo que resulta fundamental en sectores como el farmacéutico o el alimentario. Estas tecnologías garantizan una trazabilidad total y en tiempo real, reduciendo pérdidas, errores y tareas administrativas.

- **Plataformas de analítica avanzada y *dashboards*:** Los datos generados por todos los sistemas del almacén pueden integrarse en plataformas de analítica avanzada, que permiten visualizar indicadores clave (KPIs) mediante *dashboards* gráficos. Algunos ejemplos de KPIs logísticos incluyen: nivel de servicio, pedidos por hora, tasa de error en el *picking*, ocupación del almacén o tiempos de ciclo. Esta información permite tomar decisiones más ágiles, detectar anomalías o anticiparse a problemas operativos. Además, muchas plataformas incluyen algoritmos de IA para predecir tendencias, como picos de demanda o necesidades de reposición.

- **Soluciones de mantenimiento predictivo:** La maquinaria y automatismos del almacén (cintas transportadoras, montacargas, AGVs, etc.) son críticos para la operativa. Las soluciones de mantenimiento predictivo, basadas en inteligencia artificial, recogen datos sobre vibración, consumo energético, ciclos de uso o temperatura de los equipos, y los analizan para anticipar posibles fallos. Así, se pueden planificar intervenciones de mantenimiento antes de que ocurra una avería grave, reduciendo tiempos de inactividad, costes de reparación y riesgos operativos. Es una herramienta clave en entornos con alta automatización y dependencia tecnológica.

 **Anotación**

La automatización total no siempre es necesaria; muchas pymes pueden iniciar procesos de digitalización de forma parcial y escalable.

2.3. Digitalización e innovación en los procesos de transporte

El transporte es uno de los eslabones más sensibles de la cadena de suministro. Los avances tecnológicos aplicados a esta fase permiten aumentar la eficiencia, mejorar el control de entregas y reducir el impacto ambiental.

Fig. 5. Un sistema de transporte digitalizado, con flotas conectadas, rutas optimizadas por GPS, sensores de control y herramientas móviles, permite seguimiento en tiempo real y reducción de emisiones

Las innovaciones más destacadas incluyen:

- Rutas inteligentes con GPS y algoritmos predictivos, que ajustan los itinerarios en función del tráfico, la meteorología o las restricciones urbanas.
- Plataformas TMS (Transportation Management Systems), que centralizan la planificación, ejecución y seguimiento de todas las operaciones de transporte.
- Sistemas de seguimiento en tiempo real, que permiten a los clientes conocer la ubicación y hora estimada de llegada de sus pedidos.
- Tecnología *blockchain*, utilizada para asegurar la integridad de los datos en la documentación de transporte y evitar fraudes.
- Camiones eléctricos y vehículos sostenibles, que responden a los nuevos estándares ambientales y reducen costes operativos a largo plazo.

Saber más

La tecnología *blockchain* (o cadena de bloques) es un sistema de registro digital descentralizado que permite almacenar datos de forma segura, transparente e inalterable. Funciona como un libro de cuentas compartido entre todos los participantes de una red, donde cada bloque contiene un conjunto de datos (como transacciones, contratos o movimientos logísticos) y está vinculado al anterior mediante criptografía.

Lo más destacable del *blockchain* es que no necesita un intermediario central para validar la información, ya que cada nuevo bloque debe ser verificado por la red antes de añadirse. Una vez registrado, no se puede modificar sin que toda la red lo detecte. Esto lo convierte en una herramienta muy útil para garantizar la autenticidad, trazabilidad e integridad de los datos en sectores como la logística, la banca, la salud o incluso la gestión de residuos.

El proceso de transporte digitalizado permite una gestión mucho más eficiente, precisa y flexible de las operaciones de entrega. Uno de los pilares de esta digitalización son las flotas conectadas, en las que cada vehículo está equipado con dispositivos GPS, sensores IoT y conexión en red. Esto permite a las empresas conocer en tiempo real la localización, el estado del vehículo, las condiciones ambientales (como la temperatura en transporte refrigerado) y posibles incidencias en ruta. Gracias a esta conectividad, se pueden tomar decisiones inmediatas y mejorar la respuesta ante imprevistos.

Los sistemas TMS (Transportation Management System) actúan como el cerebro del proceso. Estas plataformas permiten planificar rutas, asignar vehículos, calcular costes de transporte y realizar seguimiento de entregas. Además, integran datos en tiempo real procedentes de los vehículos y de los clientes, lo que facilita la toma de decisiones basada en información actualizada. Con un buen TMS, se puede optimizar el uso de recursos, reducir tiempos de entrega y controlar gastos logísticos.

Además, otro aspecto fundamental es la trazabilidad en tiempo real, que permite seguir cada envío desde su origen hasta su destino final. Esta capacidad mejora la transparencia de toda la cadena logística y fortalece la confianza del cliente, que puede recibir notificaciones en tiempo real sobre el estado de su pedido. También ayuda a cumplir normativas y estándares de calidad, especialmente en sectores como alimentación, farmacia o paquetería urgente.

Por su parte, las herramientas móviles de gestión (apps para conductores, tablets para control de entregas, escáneres portátiles, etc.) permiten a los operarios registrar recogidas, firmar digitalmente entregas, reportar incidencias y actualizar el sistema en el momento, sin necesidad de papeleo. Estas herramientas agilizan los procesos, reducen errores manuales y facilitan la comunicación entre oficina central, almacenes y personal en ruta.

Vocabulario

- **Flotas conectadas:** se refiere a los vehículos de transporte que están equipados con tecnologías como GPS, sensores IoT y conexión a la red. Gracias a esto, se puede conocer en tiempo real su localización, estado, condiciones ambientales o posibles incidencias.
- **IoT (Internet de las Cosas):** es la red de objetos físicos conectados a internet que recopilan y comparten datos. En transporte, incluye sensores que detectan temperatura, humedad, vibraciones, etc., fundamentales en envíos delicados como productos farmacéuticos o alimentos.
- **TMS (Transportation Management System):** es el sistema que centraliza toda la gestión del transporte. Permite planificar rutas, asignar vehículos, calcular costes, monitorizar entregas y tomar decisiones basadas en datos actualizados en tiempo real.

3. Visión mediante ejemplos prácticos de cómo se implantan estas tecnologías

La introducción de tecnologías emergentes en la cadena de suministro no puede abordarse como una acción aislada ni exclusivamente técnica. Para que la implantación sea exitosa, resulta imprescindible seguir una secuencia lógica que parte del conocimiento profundo de los procesos actuales, su mejora continua y la identificación de oportunidades reales de transformación.

Fig. 6. Un enfoque preventivo y estratégico permite evitar errores frecuentes, reducir resistencias internas y maximizar los beneficios de la digitalización

A continuación, se abordan los elementos clave del proceso mediante ejemplos prácticos que ilustran cómo hacerlo de forma efectiva.

3.1. Análisis previo de la correcta definición de los procesos

Antes de incorporar cualquier solución tecnológica, es necesario realizar un análisis exhaustivo de los procesos que se pretenden digitalizar o automatizar. Esto implica documentar claramente las tareas, los responsables, los flujos de trabajo y los puntos críticos que afectan a la calidad o a los plazos.

Este análisis previo ayuda a identificar cuellos de botella, redundancias o pasos innecesarios, además, también permite que el proveedor tecnológico entienda qué necesita realmente la empresa. Un error común es intentar digitalizar un proceso que ya está mal diseñado, lo que únicamente traslada las ineficiencias al entorno digital.

Una empresa de distribución farmacéutica pretendía implementar un sistema de picking por voz. Al analizar su proceso de preparación de pedidos, se detectó que los operarios invertían tiempo en revisar manualmente pedidos mal clasificados en el sistema. En lugar de digitalizar directamente, se rediseñó primero el sistema de entrada de pedidos y codificación de productos, lo que mejoró la precisión y preparó el terreno para la tecnología.

Plantilla: Análisis previo de procesos antes de digitalizar

1. **Nombre del proceso.** Ejemplo: Preparación de pedidos en almacén.

2. **Objetivo del proceso:** ¿Qué se pretende lograr con este proceso?

3. **Tareas que lo componen:**

Nº	Tarea	Descripción	Responsable
1	Recepción del pedido	Se recibe el pedido desde la plataforma e-commerce	Administrativo
2	Generación de albarán	El sistema imprime automáticamente el albarán	Sistema ERP
3	Recogida de artículos	Se recogen los productos en el almacén	Operario *picking*
4	Embalado	Se embalan los productos con su documentación	Operario embalaje

4. **Diagrama del flujo de trabajo (opcional):** Puedes incluir un diagrama sencillo tipo flujo (con cajas y flechas) o esquemático visual.

5. **Puntos críticos detectados:** Identificar cuellos de botella, errores frecuentes, lentitud, duplicidades...

- Demoras en la recepción del pedido por fallos en el sistema.
- Errores humanos frecuentes al recoger artículos sin asistencia digital.
- Falta de trazabilidad de quién hizo cada tarea.

6. **Indicadores de rendimiento actuales:**

Indicador	Valor actual	Fuente
Tiempo medio de preparación	38 minutos/pedido	Datos de almacén
Tasa de error en pedidos	6 %	Reclamaciones de clientes
Coste medio por pedido	3,20 €	ERP

7. **Recomendaciones de mejora.** Qué habría que cambiar antes de digitalizar:
   o Rediseñar el flujo eliminando la tarea manual de impresión.
   o Establecer control digital del operario que hace el picking.
   o Integrar el sistema ERP con dispositivos móviles para trazabilidad en tiempo real.

8. **Preparación para la digitalización.** ¿Está el proceso ya listo para automatizar o se deben hacer ajustes previos?
   o Listo para digitalizar si se corrigen los fallos de trazabilidad.
   o No listo: se requiere rediseñar el flujo de albaranes.

Este análisis asegura que la empresa no digitaliza ineficiencias, sino que adapta primero el proceso para que, una vez automatizado, aporte mejoras reales en eficiencia, calidad y control.

3.2. Optimización de los procesos previo a cualquier implantación tecnológica

La optimización de procesos es una fase esencial que debe abordarse antes de incorporar cualquier herramienta tecnológica. No se trata simplemente de automatizar lo que ya se hace, sino de repensar y mejorar el proceso en sí mismo. Esto implica realizar un análisis detallado de todas las actividades que lo componen, con el fin de identificar tareas redundantes, cuellos de botella, errores frecuentes o tiempos muertos. Solo así es posible construir una base sólida sobre la que aplicar tecnología con sentido y eficacia.

Fig. 7. Los cuellos de botella son puntos del proceso donde la capacidad se ve limitada, generando retrasos, acumulaciones o pérdida de eficiencia en toda la cadena de valor

Entre las actuaciones más comunes está la simplificación de tareas, es decir, eliminar pasos innecesarios o burocráticos que ralentizan el flujo. También se revisa la organización del espacio físico, especialmente en entornos logísticos o industriales, donde una mejor disposición de materiales, zonas de trabajo o rutas de desplazamiento puede reducir significativamente los tiempos de ejecución. Otro aspecto clave es la actualización de los procedimientos operativos estándar (POE), adaptándolos a una lógica más ágil, flexible y orientada a resultados.

Por ejemplo, en un almacén que quiera implantar tecnología de *picking* por voz o sensores RFID, previamente debería revisar el método de asignación de pedidos, la lógica de ubicación de productos o el modo en que se gestionan las devoluciones. Si estas tareas están mal definidas o desordenadas, la tecnología solo acelerará los errores existentes, generando frustración y costes innecesarios.

Optimizar previamente permite además reducir la personalización tecnológica posterior, ya que el entorno ya está adaptado a buenas prácticas, y los sistemas estándar se ajustan mejor sin necesidad de desarrollos a medida. Esto se traduce en ahorro de tiempo, dinero y recursos técnicos, tanto durante la implantación como en el mantenimiento futuro.

 **Anotación**

Invertir tiempo en mejorar los procesos antes de digitalizarlos multiplica la eficacia de la inversión tecnológica.

3.3. Casos de éxito de implantación de nuevas tecnologías

Diversas empresas han implantado con éxito tecnologías emergentes tras seguir una planificación estructurada que incluyó análisis, rediseño y pruebas piloto. Estos casos evidencian que la implantación tecnológica es más efectiva cuando se hace sobre procesos bien definidos y equipos formados.

- Tesla ha marcado un antes y un después en la automoción con sus vehículos eléctricos de alto rendimiento y su apuesta por la conducción autónoma, consolidándose como referente en innovación industrial.
- Airbnb ha redefinido el concepto de alojamiento turístico mediante una plataforma digital que conecta a particulares y viajeros, favoreciendo opciones más económicas y personalizadas.
- Netflix ha modificado los hábitos de consumo audiovisual al evolucionar desde el alquiler de DVDs hacia un sistema de *streaming* bajo demanda accesible a nivel global.
- Nike ha combinado tecnología y marketing para ofrecer experiencias personalizadas, como aplicaciones que permiten diseñar zapatillas a medida o herramientas digitales para deportistas.
- Amazon ha revolucionado el comercio electrónico gracias a una logística optimizada, un enfoque radical en la experiencia de cliente y el uso intensivo de algoritmos basados en inteligencia artificial.
- L'Oréal ha digitalizado la experiencia en el sector cosmético mediante herramientas de realidad aumentada para probar maquillaje y dispositivos inteligentes para el cuidado de la piel.

- BBVA ha sido pionera en la banca digital, ofreciendo soluciones innovadoras que mejoran la experiencia del usuario y simplifican la gestión financiera a través de canales online.

Según el Ministerio de Economía, Comercio y Empres de España (2023), en los últimos años, cada vez más empresas españolas han comenzado a integrar la inteligencia artificial (IA) y el big data como elementos clave en sus procesos de transformación digital. Así lo demuestra el informe "Uso de Inteligencia Artificial y Big Data en las empresas españolas 2022", elaborado por el Observatorio Nacional de Tecnología y Sociedad (ONTSI), que analiza el grado de adopción de estas tecnologías en el tejido empresarial y lo compara con el contexto europeo.

La aplicación de la inteligencia artificial está creciendo en todo tipo de empresas: desde grandes corporaciones hasta pymes y microempresas. Los últimos datos indican que un 11,8 % de las empresas con más de diez trabajadores ya emplean IA, lo que supone un aumento de casi cuatro puntos respecto al año anterior. Sus principales usos incluyen la automatización de tareas, la toma de decisiones asistida, el reconocimiento de imágenes, la generación de lenguaje y el control de movimientos en máquinas.

Por sectores, destacan las empresas de información y comunicación, así como las tecnológicas (TIC), donde más del 40 % ha incorporado IA. En cambio, sectores como la construcción muestran una adopción muy baja, con solo un 6,3 %. A nivel territorial, Madrid lidera la implantación de esta tecnología con un 16,8 % de empresas usuarias, seguida de la Comunidad Valenciana, Aragón y Cataluña. En el otro extremo, Castilla y León, Ceuta y Melilla presentan niveles de adopción significativamente inferiores.

También ha aumentado el número de empresas que cuentan con personal especializado en IA, alcanzando un 2,3 % en 2022. Aun así, España se encuentra en una posición intermedia dentro de la Unión Europea en cuanto a adopción general de inteligencia artificial por parte del tejido empresarial.

En lo que respecta al big data, su uso está más extendido que el de la IA y sigue en ascenso. El 13,9 % de las empresas con más de diez trabajadores ya analiza grandes volúmenes de datos, casi tres puntos más que el año anterior. Son las grandes compañías las que más lo utilizan (34,7 %), aunque también se está extendiendo entre medianas (20,8 %) y pequeñas empresas (11,9%). En las microempresas, el crecimiento es más lento, situándose en el 3,7 %.

Entre las fuentes de big data más utilizadas destacan los datos de geolocalización recogidos desde dispositivos móviles, seguidos de los generados en redes sociales. Los sectores TIC y de información y comunicación lideran en su implementación, mientras que el textil, la alimentación y la metalurgia presentan tasas mucho menores. Madrid vuelve a posicionarse en cabeza como la comunidad con mayor uso empresarial de big data, junto con Cataluña y La Rioja. En cambio, Navarra, Castilla y León y Melilla están a la cola.

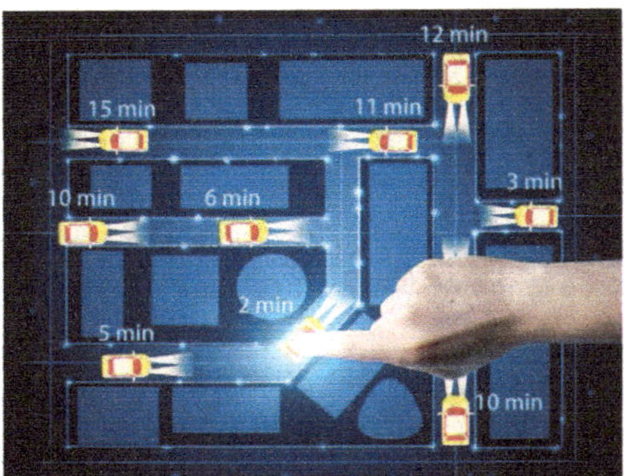

Fig. 8. Los datos de geolocalización permiten rastrear la ubicación de dispositivos en tiempo real, optimizando rutas, logística y experiencia del cliente

El porcentaje de empresas que cuentan con especialistas en análisis de datos también ha crecido, situándose en el 9,8 % en 2022. Sin embargo, en comparación con la media europea, España todavía está por debajo: mientras que en el país el 9 % de empresas utilizan big data, países como Malta, Países Bajos o Dinamarca superan el 27 %.

En este contexto, la inteligencia artificial se ha convertido en una prioridad estratégica para el Gobierno, enmarcada en la agenda España Digital 2026 y el Plan de Recuperación, Transformación y Resiliencia. Se espera que sectores como las telecomunicaciones, los servicios financieros, el turismo o la distribución sean los que más se beneficien de la transformación digital basada en IA.

La Estrategia Nacional de Inteligencia Artificial (ENIA), de la que ya se ha ejecutado el 80 %, incluye numerosas iniciativas de apoyo al sector empresarial. Entre ellas destacan el programa Neotec de ayudas a la innovación, el fondo FOND-ICO Global para inversión en empresas tecnológicas, las Oficinas Acelera pyme como puntos de asesoramiento digital, o el Fondo NextTech para impulsar startups de base tecnológica.

Otras medidas incluyen la creación de cátedras universidad-empresa sobre IA, el Programa Nacional de Algoritmos Verdes que une IA y sostenibilidad, o los Centros de Innovación Digital para la industria. Todas estas iniciativas buscan facilitar la adopción de estas tecnologías, promover la investigación y maximizar el retorno económico de la inversión en digitalización.

La IA, además, se perfila como un sector económico propio, con capacidad de generar cerca de 14 billones de euros a nivel global en 2030 y duplicar las tasas de crecimiento económico para 2035. La combinación de inversión pública, capacitación especializada y transferencia de innovación será clave para que el tejido empresarial español aproveche todo su potencial.

Resumen

La industria 4.0 ha transformado radicalmente la forma en la que se produce, almacena, transporta y gestiona la cadena de suministro. Desde los primeros avances en automatización hasta la incorporación de tecnologías como inteligencia artificial, IoT, realidad aumentada, vehículos autónomos o *blockchain*, la digitalización se ha convertido en una necesidad estratégica. Estas tecnologías mejoran la eficiencia, reducen errores, permiten trazabilidad en tiempo real y ofrecen ventajas competitivas. Aplicaciones como sensores en líneas de producción, sistemas de *picking* automatizados o plataformas de transporte conectadas demuestran cómo la innovación puede optimizar todos los eslabones logísticos.

Sin embargo, la implantación tecnológica no puede hacerse de forma precipitada. Es necesario un análisis previo del estado de los procesos, la viabilidad técnica, el impacto esperado, el coste, la escalabilidad y su alineación con los objetivos de la empresa. Las malas decisiones pueden provocar sobrecostes, resistencia al cambio o pérdida de competitividad. Por eso, el enfoque recomendado es comenzar por la optimización operativa, implantar de forma gradual, realizar pruebas piloto y formar adecuadamente al equipo. Los casos de éxito muestran que, cuando la tecnología se adopta sobre bases sólidas, se alcanzan mejoras reales en rendimiento, calidad y satisfacción del cliente.

Glosario

Gemelo digital

Réplica virtual de un proceso, máquina o almacén, que permite simular comportamientos, predecir fallos y mejorar decisiones sin interrumpir la operativa real.

Industria 4.0

Modelo de producción basado en la automatización inteligente y la interconexión digital de sistemas físicos y virtuales.

Internet de las cosas (IoT)

Red de dispositivos interconectados que recopilan y comparten datos en tiempo real, aplicados por ejemplo en sensores de transporte o almacenes.

Mantenimiento predictivo

Estrategia basada en IA que analiza datos de uso de maquinaria para prever fallos antes de que ocurran y así evitar paradas imprevistas.

Picking por voz/luz/AR

Métodos asistidos tecnológicamente para preparar pedidos en almacén de forma más rápida, precisa y ergonómica.

Resistencia al cambio

Reacción negativa del personal ante la introducción de nuevas tecnologías, especialmente si no hay formación ni comunicación adecuadas.

RFID

Tecnología de identificación por radiofrecuencia que permite registrar productos sin contacto visual, mejorando la trazabilidad en tiempo real.

Tecnología disruptiva

Innovación tecnológica que transforma radicalmente el funcionamiento de los sectores tradicionales, como la IA o el *blockchain*.

TMS (Transportation Management System)

Plataforma que permite planificar, ejecutar y monitorizar las operaciones de transporte, integrando rutas, costes y seguimiento de entregas.

WMS (Warehouse Management System)

Sistema informático que gestiona todas las operaciones internas del almacén, como entradas, ubicaciones, inventarios y expediciones.

Ejercicios de autoevaluación

1. ¿Cuál de las siguientes tecnologías se asocia directamente con el concepto de "gemelo digital"?

a. Impresora 3D.
b. Realidad aumentada.
c. Modelo virtual de un proceso físico.
d. Sensor de temperatura.

2. ¿Qué ventaja principal ofrece un sistema WMS en un almacén?

a. Permite imprimir etiquetas manuales.
b. Automatiza la recogida de pedidos online.
c. Controla en tiempo real la gestión del inventario.
d. Evalúa el estado financiero de la empresa.

3. En el análisis de oportunidad tecnológica, el factor "escalabilidad" hace referencia a:

a. La capacidad de la empresa para formar a su personal.
b. La posibilidad de adaptar la tecnología a futuro crecimiento.
c. El impacto medioambiental de la tecnología.
d. La compatibilidad con la web de la empresa.

4. ¿Qué tecnología permite controlar entregas en tiempo real mediante GPS y sensores?

a. *Blockchain*.
b. Realidad virtual.
c. IoT.
d. SCADA.

5. Una implantación tecnológica mal planificada puede provocar, entre otros efectos:

   a. Aumento de la satisfacción del cliente.

   b. Reducción inmediata de costes.

   c. Obsolescencia prematura de la inversión.

   d. Mejora automática de todos los procesos.

6. ¿Cuál de las siguientes opciones corresponde a una solución de *picking* inteligente?

   a. Pick to paper.

   b. Voice picking.

   c. Manual picking.

   d. Static location picking.

7. ¿Qué función cumple un sistema TMS dentro de una empresa logística?

   a. Controla turnos de trabajo en la oficina.

   b. Coordina tareas de mantenimiento técnico.

   c. Optimiza rutas y operaciones de transporte.

   d. Digitaliza facturas del departamento financiero.

8. El término "industria 4.0" hace referencia principalmente a:

   a. La reducción del consumo energético.

   b. La cuarta revolución industrial basada en conectividad e inteligencia artificial.

   c. La sustitución total del trabajo humano por robots.

   d. La fabricación manual con control numérico.

9. ¿Qué empresa es conocida por su uso avanzado de sensores y robots de *picking* para frutas ecológicas?

a. Tesla.
b. BBVA.
c. Frescura Natural S.L.
d. Mercadona.

10.¿Cuál de los siguientes no es un riesgo habitual en una mala implantación tecnológica?

a. Sobrecoste.
b. Obsolescencia.
c. Reducción de la calidad.
d. Mejora en la toma de decisiones.

Módulo 6. *Management* en la cadena de suministro

Introducción

La gestión eficaz de la cadena de suministro es hoy más que nunca un factor determinante para la competitividad empresarial. En un entorno donde los márgenes se estrechan, la capacidad de anticiparse, coordinarse y tomar decisiones acertadas desde todos los niveles de la organización marca la diferencia entre sobrevivir o liderar el mercado.

Este módulo formativo profundiza en las claves del *management* logístico, desde la estructura jerárquica y los órganos de gestión hasta la importancia del liderazgo, los indicadores de rendimiento y la experiencia práctica como herramienta de mejora continua.

Objetivos

- Identificar las claves de una gestión eficaz en el *management* de la cadena de suministro a través de la experiencia de gestión.

1. Análisis de las claves necesarias para una gestión eficaz y efectiva en los puestos de *management* de la cadena de suministro:

Una gestión eficaz y efectiva en los puestos de dirección de la cadena de suministro exige una comprensión profunda de la estructura organizativa de la empresa, de sus órganos de gestión y de cómo se distribuyen y articulan las responsabilidades entre los distintos niveles jerárquicos. Esta visión permite tomar decisiones estratégicas con mayor alineación entre áreas, mejorar la coordinación de procesos y optimizar el flujo de materiales e información desde el proveedor hasta el cliente final.

1.1. Explicación de los órganos de gestión de una empresa

Los órganos de gestión de una empresa constituyen el conjunto de estructuras encargadas de dirigir, planificar, coordinar y supervisar sus actividades internas y externas. En una organización tradicional, estos órganos se dividen principalmente en tres niveles: estratégico, táctico y operativo.

El nivel estratégico está representado por la alta dirección o consejo de administración. Sus decisiones tienen un alcance a largo plazo y afectan al conjunto de la organización, definiendo la misión, visión y objetivos generales. En este nivel se definen también las políticas de inversión, expansión, innovación o sostenibilidad.

El nivel táctico incluye a los mandos intermedios, como directores de área (logística, producción, comercial, etc.). Estos órganos tienen la responsabilidad de traducir los objetivos estratégicos en planes de acción concretos, gestionar recursos y coordinar equipos para lograr metas a medio plazo. Su papel es clave para mantener la cohesión y el flujo de información entre los niveles operativos y estratégicos.

El nivel operativo corresponde a la supervisión directa de tareas, como encargados de almacén, jefes de turno o coordinadores de transporte. Aunque se sitúa en la base de la jerarquía, este nivel ejecuta las decisiones del resto de órganos y tiene un conocimiento práctico indispensable para la toma de decisiones tácticas ajustadas a la realidad del día a día.

A continuación, se expone un caso práctico resuelto sobre "Translog Ibérica, S.A.", una empresa mediana con sede en Zaragoza, especializada en servicios de almacenamiento, transporte y distribución de mercancías para terceros, especialmente para clientes del sector agroalimentario y farmacéutico. Cuenta con tres centros logísticos, una flota de 60 vehículos propios y unos 130 empleados.

El Consejo de Administración está formado por el Director General, el Director Financiero, una representante del comité de sostenibilidad y dos inversores externos. Este órgano se reúne cada trimestre para definir las líneas estratégicas globales: expansión hacia Portugal, mejora de la rentabilidad en rutas internacionales, digitalización de procesos críticos (TMS y WMS) y desarrollo de una política de sostenibilidad con sello ISO 14001.

En 2025, deciden invertir en una plataforma de trazabilidad integrada para clientes premium, reforzando la propuesta de valor en mercados europeos. También aprueban una estrategia a cinco años para renovar progresivamente la flota con vehículos eléctricos.

Bajo el Director General, actúan cuatro direcciones funcionales:

- Dirección de Logística, responsable de planificar rutas, gestionar contratos con transportistas y supervisar el TMS.
- Dirección de Almacén y Operaciones, que coordina los tres centros logísticos, optimiza el uso del WMS y supervisa la preparación de pedidos.
- Dirección Comercial, encargada de captar clientes estratégicos y mejorar los SLA (acuerdos de nivel de servicio).
- Dirección de RR. HH. y PRL, que planifica la formación de conductores, aplica protocolos de seguridad y gestiona la rotación de personal.

Estos directores se reúnen mensualmente para revisar KPIs como: tiempos de entrega, ocupación de almacenes, tasa de errores de expedición y evolución de costes. Cada uno adapta los planes generales del consejo a su área: por ejemplo, el director de logística rediseña las rutas interprovinciales para reducir emisiones y mejorar la puntualidad en entregas urgentes.

En el nivel más cercano a la actividad diaria están figuras como:

- El Encargado de turno del almacén de Zaragoza, que reparte tareas de carga y *picking* en función de la rotación y vencimiento de productos.
- El Jefe de Tráfico, que cada mañana asigna vehículos a rutas, reacciona ante incidencias y ajusta los tiempos de conducción según la normativa.
- El Coordinador de Calidad, que verifica el cumplimiento de la trazabilidad, supervisa el etiquetado y actúa en caso de no conformidades.

Estos perfiles reciben instrucciones tácticas, pero tienen autonomía para reorganizar equipos, ajustar tiempos o modificar secuencias de tareas ante situaciones imprevistas (una huelga, una rotura de stock, una avería de camión). Su conocimiento del terreno es esencial para que la gestión táctica tenga efecto real.

Coordinación entre niveles:

- La Dirección de Logística consulta cada semana al Jefe de Tráfico los datos de consumo de gasoil y puntualidad por ruta, para ajustar contratos con clientes.
- El Consejo de Administración, al recibir datos de siniestralidad y rotación de plantilla, pide al Director de RR. HH. un plan de formación y bienestar.
- La Dirección de Operaciones organiza reuniones quincenales con encargados de turno para detectar cuellos de botella y rediseñar turnos o *layout* del almacén.

Fig. 1. Cada órgano cumple una función interdependiente: el estratégico define, el táctico planifica y el operativo ejecuta

1.2. Organización jerárquica de un modelo estandarizado de gestión

Un modelo estandarizado de gestión en el ámbito de la cadena de suministro suele organizarse en una jerarquía piramidal, donde se establecen claramente los niveles de autoridad, responsabilidad y comunicación. Esta estructura permite ordenar los procesos, definir flujos de trabajo y delimitar competencias para evitar solapamientos y mejorar la eficiencia global.

En la cúspide de este modelo se encuentra el Director General o CEO, quien toma las decisiones estratégicas de mayor calado. Por debajo, se encuentran directores funcionales como el Director de Operaciones (COO) o el Director de Logística, quienes diseñan e implantan los planes necesarios para alcanzar los objetivos marcados.

Fig. 2. El Director General o CEO es quien marca la visión global de la empresa

Más abajo, el modelo incluye figuras como el Responsable de Compras, Jefe de Producción, Responsable de Distribución o Coordinador de Transporte, quienes operan con una visión más operativa, ejecutando las estrategias a nivel de campo.

Este tipo de jerarquía garantiza que cada decisión pase por los canales adecuados, que haya una cadena clara de supervisión y que se puedan implantar procesos de mejora continua basados en indicadores y retroalimentación entre niveles.

Anotación

Aunque la jerarquía clásica funciona bien en contextos estables, en entornos más ágiles se tiende a modelos más horizontales o por proyectos, donde prima la flexibilidad.

A continuación, se presenta un ejemplo de organigrama jerárquico de tipo vertical descendente, utilizado para representar la estructura funcional de una empresa, mostrando claramente los niveles de autoridad, las relaciones de dependencia y los canales de comunicación vertical entre los distintos departamentos. Se organiza de arriba hacia abajo, desde la Dirección General (nivel estratégico) hasta los responsables operativos (encargados, técnicos, operarios y conductores), permitiendo identificar de forma visual los distintos roles, funciones y áreas que componen la organización, así como facilitar la gestión interna, la toma de decisiones y la asignación de responsabilidades:

Además del modelo jerárquico clásico de tipo piramidal, en la gestión de la cadena de suministro y en entornos logísticos existen otros modelos organizativos que pueden adaptarse mejor según el tamaño, el sector o el grado de digitalización de la empresa.

A continuación, se describen los principales tipos de modelos organizativos:

- **Modelo jerárquico vertical (clásico o piramidal).** Es el más tradicional. Se basa en una estructura en niveles, donde las decisiones se toman desde la cúpula directiva y se transmiten hacia abajo. Es útil en entornos estables y altamente regulados, ya que permite un control centralizado y una clara delimitación de responsabilidades.

- **Modelo funcional:** Divide la organización en departamentos especializados (compras, producción, transporte, calidad, etc.), cada uno con su propio responsable. Favorece la eficiencia técnica y el conocimiento específico, pero puede generar compartimentos estancos y dificultar la comunicación entre áreas.

- **Modelo matricial:** Combina la estructura funcional con una organización por proyectos o productos. Un mismo trabajador puede depender jerárquicamente de un jefe de departamento y, al mismo tiempo, de un jefe de proyecto. Este modelo es flexible y permite una mejor coordinación entre áreas, aunque requiere una comunicación muy eficaz para evitar conflictos de autoridad.

- **Modelo por procesos:** Organiza la empresa en torno a flujos de trabajo o cadenas de valor completas (por ejemplo: pedido – producción – entrega), en lugar de áreas independientes. Favorece una visión integral y orientada al cliente, mejorando la eficiencia global. Es ideal para empresas que apuestan por la mejora continua y la automatización.

- **Modelo por proyectos o células ágiles:** Muy utilizado en entornos de innovación o alta variabilidad. Los equipos se forman temporalmente para resolver un problema, lanzar un producto o implementar una solución tecnológica. Se caracteriza por su horizontalidad, autonomía de los equipos y capacidad de adaptación. Es frecuente en empresas tecnológicas o de distribución rápida.

- **Modelo holocrático o sin jerarquías fijas:** Es un modelo experimental basado en la autogestión. No existen jefes formales, sino círculos de decisión donde los roles se asignan según capacidades. Aunque es poco común en logística tradicional, algunas *startups* lo aplican en operaciones pequeñas o muy digitalizadas.

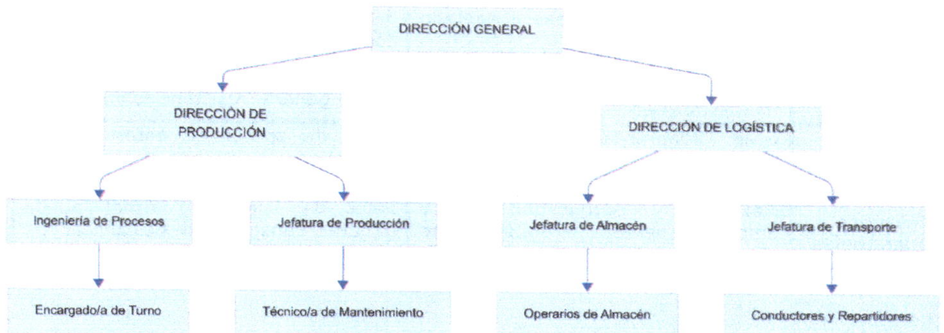

A través de la siguiente tabla se presenta una comparativa con las ventajas y desventajas de los principales estilos organizativos:

Modelo organizativo	Ventajas	Desventajas
Jerárquico vertical (piramidal)	Claridad en la autoridad y en los canales de mando; Control centralizado; Eficaz en entornos estables	Rigidez ante el cambio; Comunicación lenta; Poco participativo
Funcional	Alta especialización técnica; Mejora la eficiencia en cada área; Claridad en funciones	Aislamiento entre departamentos; Falta de visión global; Comunicación limitada
Matricial	Flexibilidad organizativa; Mejor coordinación entre áreas; Orientado a resultados	Doble dependencia jerárquica puede generar conflictos; Requiere una comunicación muy efectiva
Por procesos	Visión centrada en el cliente; Favorece la mejora continua; Reduce tiempos y errores	Requiere rediseñar toda la estructura; Puede generar resistencias internas
Por proyectos / células ágiles	Gran adaptabilidad al cambio; Equipos autónomos y motivados; Innovación rápida	Difícil de aplicar en entornos muy normativos; Requiere personal polivalente y proactivo
Holocrático / sin jerarquías	Máxima autogestión y empoderamiento; Dinamismo organizativo; Favorece la creatividad	Falta de liderazgo formal puede generar caos; Difícil de aplicar en estructuras grandes

1.3. Estructura de departamentos en una empresa productiva y distribuidora

En una empresa que combina funciones de producción y distribución, la estructura departamental debe estar diseñada para facilitar la coordinación entre procesos que, aunque distintos, están interrelacionados.

Esta estructura suele estar compuesta por varios departamentos funcionales, cada uno con objetivos específicos, pero alineados con la estrategia general de la empresa:

- El departamento de producción se encarga de transformar las materias primas en productos acabados. Coordina los procesos de fabricación, control de calidad, mantenimiento de maquinaria y gestión de la capacidad productiva.
- El departamento de logística gestiona el aprovisionamiento, el almacenamiento de materiales y la distribución física de los productos. Dentro de este, puede

haber subdivisiones como compras, inventarios, transporte o planificación logística.

- El departamento comercial tiene la responsabilidad de relacionarse con el cliente, captar pedidos, analizar el mercado y coordinar campañas de ventas. Su *feedback* es esencial para ajustar la producción y distribución a la demanda real.

- Además, suele haber un departamento financiero y contable, uno de recursos humanos y uno de tecnologías de la información, todos ellos transversales, ya que dan soporte al funcionamiento de los demás.

Fig. 3. La interrelación entre los departamentos es clave para garantizar un flujo coordinado de información y materiales que permita cumplir plazos

A continuación, se detallan los órganos internos y funciones específicas de cada departamento:

A. Departamento de producción

Órganos internos:

- **Jefatura de producción:** dirige el departamento, coordina turnos, recursos y prioridades productivas.
- **Oficina técnica / ingeniería de producción:** diseña procesos, mejora métodos, establece estándares.

- **Control de calidad:** verifica materiales, procesos y productos acabados. Aplica protocolos ISO u otros.
- **Mantenimiento industrial:** ejecuta planes preventivos y corrige averías de maquinaria.
- **Secciones de línea o unidades productivas:** áreas de trabajo donde se fabrican productos específicos (puede haber encargados por sección o línea).

Funciones principales:

- Planificar y ejecutar la producción según demanda y capacidades.
- Asegurar la calidad del producto desde el inicio hasta el embalaje.
- Coordinar con logística la entrada de materiales y la salida del producto acabado.
- Mejorar los tiempos de producción, reducir desperdicios y aumentar eficiencia.

B. Departamento de logística

Órganos internos:

- **Dirección logística o jefe de logística.**
- **Sección de compras:** negocia con proveedores, controla pedidos de materias primas.
- **Sección de almacén / inventario:** organiza entrada, salida y ubicación del stock.
- **Sección de transporte / distribución:** coordina repartos, gestiona flota propia o externa.
- **Planificación logística /** *supply chain*: sincroniza los flujos entre producción y entrega.

Funciones principales:

- Asegurar el aprovisionamiento de materiales y componentes.
- Optimizar la ubicación del stock para minimizar tiempos y errores.
- Coordinar rutas de transporte eficientes y adaptadas a la demanda.

- Aplicar tecnologías de trazabilidad, RFID, SGA (Sistemas de Gestión de Almacenes).

C. Departamento comercial

Órganos internos:

- **Dirección comercial:** define políticas de ventas, zonas, precios y objetivos.
- **Equipo de ventas o fuerza comercial:** visita clientes, negocia condiciones, cierra ventas.
- **Marketing / comunicación:** lanza campañas, gestiona la imagen y posicionamiento.
- **Atención al cliente / posventa:** resuelve dudas, incidencias, gestiona garantías y devoluciones.
- **Gestión de cuentas clave (KAM):** atención personalizada a clientes grandes o estratégicos.

Funciones principales:

- Captar nuevos clientes y fidelizar los existentes.
- Detectar tendencias del mercado y adaptar la oferta.
- Establecer relaciones sólidas con distribuidores, mayoristas o puntos de venta.
- Coordinarse con producción y logística para cumplir plazos y calidades prometidas.

D. Departamento financiero y contable

Órganos internos:

- **Dirección financiera / CFO (Chief Financial Officer).**
- **Contabilidad general:** registra movimientos, prepara balances, gestiona libros oficiales.

- **Tesorería:** controla flujos de caja, bancos, previsiones de cobros y pagos.
- **Control de gestión:** analiza costes, calcula márgenes, evalúa resultados por línea de negocio.
- **Fiscalidad / auditoría:** prepara impuestos, declaraciones y asegura el cumplimiento legal.

Funciones principales:

- Garantizar la solvencia y liquidez de la empresa.
- Analizar la rentabilidad de cada unidad de negocio.
- Elaborar presupuestos anuales y revisiones periódicas.
- Apoyar en la toma de decisiones estratégicas con informes financieros.

E. Departamento de Recursos Humanos

Órganos internos:

- **Dirección de RR.HH. / Responsable de personal.**
- **Selección y reclutamiento:** publica ofertas, entrevista, contrata y da la bienvenida al personal.
- **Formación y desarrollo:** elabora planes formativos, identifica talentos.
- **Relaciones laborales:** tramita contratos, convenios, negociaciones con representación legal de trabajadores.
- **Prevención de riesgos laborales:** puede estar integrado o externalizado con un SPA (Servicio de Prevención Ajeno).

Funciones principales:

- Atraer, formar y retener talento alineado con los valores de la empresa.
- Garantizar el cumplimiento de la normativa laboral.
- Medir el clima laboral y mejorar la motivación interna.
- Coordinar la prevención de accidentes y enfermedades laborales.

F. Departamento de Tecnologías de la Información (TI)

Órganos internos:

- **Dirección de sistemas / responsable de TI.**
- **Soporte técnico:** resuelve problemas diarios de hardware, software y red.
- **Administración de sistemas:** gestiona servidores, VPNs, seguridad, backups.
- **Desarrollo de software o ERP:** adapta herramientas informáticas a las necesidades de cada área (por ejemplo, módulos de facturación, CRM, etc.).
- **Seguridad informática:** controla accesos, sistemas de protección y recuperación ante fallos.

Funciones principales:

- Asegurar la conectividad y funcionamiento óptimo de los sistemas informáticos.
- Automatizar procesos internos para reducir errores y mejorar eficiencia.
- Proteger la información de la empresa frente a amenazas externas.
- Coordinar la transformación digital (automatización, inteligencia artificial, IoT...).

2. Exposición de modelos de gestión a través de la experiencia del profesorado

La experiencia práctica de los profesionales que ejercen como formadores aporta un valor añadido a los modelos teóricos de gestión.

A través de sus vivencias en entornos reales, se pueden identificar patrones de liderazgo, estrategias eficaces y decisiones clave que han permitido a determinadas organizaciones mejorar su rendimiento, adaptarse a los cambios y consolidarse en sectores competitivos. La transferencia de este conocimiento vivencial al alumnado permite comprender la gestión empresarial desde un enfoque aplicado, realista y útil para afrontar futuros desafíos en la cadena de suministro.

2.1. Estilos de liderazgo y coaching

En el ámbito de la gestión empresarial, el estilo de liderazgo adoptado por la dirección influye directamente en la motivación, el rendimiento del equipo y la eficiencia operativa.

El liderazgo transformacional, por ejemplo, se ha mostrado eficaz en entornos de cambio constante, donde el directivo actúa como motor de innovación y desarrollo de talento. Este tipo de liderazgo busca inspirar al equipo, fomentar la autonomía y alinear los objetivos individuales con los de la organización.

Fig. 4. El liderazgo con enfoque de coaching es especialmente eficaz para retener talento, fomentar el compromiso y resolver conflictos

Por otro lado, el liderazgo autoritario, aunque más vertical, ha sido utilizado con éxito en empresas logísticas donde la rapidez en la toma de decisiones y la disciplina operativa son fundamentales. Sin embargo, su efectividad depende del tipo de tarea y del perfil del equipo.

El enfoque de coaching empresarial, cada vez más presente, promueve el desarrollo profesional mediante la escucha activa, el acompañamiento individual y la fijación de objetivos medibles. Profesores con experiencia en este ámbito destacan cómo esta metodología ayuda a desbloquear el potencial del personal, fortalecer la cultura organizativa y resolver conflictos de manera constructiva.

A continuación, se expone una tabla comparativa de estilos de liderazgo y coaching, con ejemplos específicos:

Estilo de liderazgo	Características	Enfoque de coaching asociado	Ejemplo
Autocrático	Control centralizado, decisiones unilaterales, foco en la disciplina y el cumplimiento.	Directivo / prescriptivo	El jefe de planta decide cambiar turnos sin avisar al equipo y solo comunica órdenes por escrito.
Democrático	Participación activa del equipo, escucha activa y toma de decisiones compartida.	Colaborativo / reflexivo	En una reunión logística, los operarios proponen mejorar el sistema de carga y el jefe lo acepta.
Laissez-faire	Máxima autonomía, mínima intervención del líder.	Coaching de autonomía / *mentoring*	El responsable de almacén deja que cada equipo autogestione los pedidos diarios y los tiempos.
Transformacional	Motiva desde la visión, empodera, fomenta la innovación y el compromiso emocional.	Inspiracional / evolutivo	El CEO lanza un programa de mejora continua liderado por empleados, basado en valores compartidos.
Transaccional	Basado en recompensas y penalizaciones según resultados; muy estructurado.	Coaching estructurado y medible	En producción, si se supera la cuota sin errores, el equipo obtiene un plus mensual.
Coaching puro	No se lidera desde la autoridad, sino desde el acompañamiento; sin dar respuestas.	Coaching personal / ejecutivo	Una coordinadora de calidad realiza sesiones de desarrollo personal con técnicos recién incorporados.
Situacional	Adapta el estilo según la persona y el contexto (directivo, guía, apoyo, delegación).	Coaching flexible y adaptativo	El jefe de tráfico acompaña de cerca a los nuevos, pero delega plenamente en los veteranos.
Carismático	Lidera desde la personalidad, el magnetismo o la influencia personal; moviliza emocionalmente.	Coaching motivacional / simbólico	Un gerente de ventas contagia entusiasmo en las reuniones con historias y frases potentes.
Servicial (servant)	El líder se pone al servicio del equipo; prioriza sus necesidades y bienestar.	Coaching humanista / de escucha activa	El jefe de logística pregunta cada semana qué necesitan sus equipos y actúa como facilitador.
Burocrático	Foco en seguir normas, procedimientos y reglamentos; poco margen a la improvisación.	Coaching técnico / funcional	El responsable de PRL forma a todo el personal siguiendo al pie de la letra el protocolo de seguridad.
Coach-líder (liderazgo con *coaching*)	El líder actúa como guía y facilitador del desarrollo individual y colectivo.	Coaching integrador y continuado	La jefa de operaciones lidera sesiones grupales mensuales donde se evalúan retos y se proponen soluciones entre todos.

2.2. Análisis de indicadores de gestión para la toma de decisiones

Los indicadores de gestión o KPI (Key Performance Indicators) son herramientas utilizadas para evaluar el rendimiento de las distintas áreas de la empresa.

En el área de logística y cadena de suministro, algunos de los indicadores más utilizados son:

- **Nivel de servicio al cliente:** mide la puntualidad y exactitud de las entregas.
- **Rotación de inventario:** indica la frecuencia con la que los productos se venden y reponen.
- **Coste logístico por unidad:** refleja la eficiencia en el transporte y almacenamiento.
- **Tasa de rotura de stock:** muestra la capacidad para mantener la disponibilidad de productos.

En la práctica, se destaca la importancia de no sobrecargar el sistema con demasiados indicadores, sino de seleccionar aquellos más significativos según los objetivos estratégicos de la empresa.

La siguiente tabla muestra los indicadores clave en logística y operaciones, con ejemplos de valores óptimos y su impacto en la toma de decisiones.

Indicador	Definición	Valor óptimo orientativo	Impacto en la toma de decisiones
Nivel de servicio al cliente	Porcentaje de pedidos entregados completos y a tiempo.	≥ 95 %	Permite evaluar la satisfacción del cliente y ajustar procesos logísticos para evitar pérdidas.
Stock de seguridad	Inventario adicional para cubrir imprevistos de demanda o suministro.	Según variabilidad de demanda	Evita roturas de stock, pero un exceso inmoviliza capital. Se ajusta en función de la fiabilidad.
Rotación de inventario	Número de veces que el inventario se renueva en un periodo.	4–12 veces al año (según sector)	Detecta exceso o falta de inventario. Ayuda a mejorar la liquidez y reducir costes de almacenaje.
Tiempo de ciclo de pedido (Lead Time)	Tiempo entre la realización del pedido y su entrega al cliente.	< 48 h (entornos rápidos)	Afecta directamente a la competitividad y fidelización. Una reducción mejora la eficiencia global.
Tasa de devoluciones	Porcentaje de productos devueltos respecto al total entregado.	< 2 % (consumo), < 0,5 % (industria)	Permite detectar fallos de calidad, errores logísticos o problemas en el embalaje.
Coste logístico total	Suma de costes de transporte, almacenamiento, manipulación, etc.	< 10 % sobre facturación total	Determina la eficiencia del sistema logístico y orienta decisiones sobre externalización o mejora.
Tasa de ocupación del almacén	Porcentaje del espacio utilizado respecto al disponible.	80 % – 90 %	Ayuda a planificar ampliaciones, reorganizaciones o uso de tecnologías como SGA o automatización.
Precisión de inventario	Coincidencia entre inventario físico y el registrado en sistema.	≥ 98 %	Fundamental para tomar decisiones fiables de aprovisionamiento y ventas.
Índice de rotura de stock	Frecuencia con la que se quedan productos fuera de existencias.	< 1 %	Impacta directamente en ventas perdidas y en la percepción del cliente.
Tiempo de preparación de pedidos (*picking*)	Tiempo medio necesario para preparar un pedido.	< 15 min/pedido (e-commerce)	Optimiza recursos humanos y tecnológicos. Es clave en almacenes con alta rotación.

Anotación

Los valores óptimos pueden variar según el sector (alimentación, industria, retail, etc.), el modelo de negocio (B2B, B2C) y el tamaño de la empresa. Lo importante es mantener un sistema de indicadores actualizados y coherentes entre sí, ya que afectan directamente a la rentabilidad, la satisfacción del cliente y la eficiencia operativa.

2.3. Casos de éxito del profesorado en la gestión empresarial

Un caso de éxito del profesorado en la gestión empresarial interna se da cuando una persona con capacidad pedagógica dentro de la organización logra mejorar procesos, prevenir errores o impulsar cambios estratégicos a través de la formación. Esto requiere conocimiento técnico y dominio de herramientas didácticas: aprendizaje activo, adaptación al contexto, acompañamiento individual y evaluación continua.

La labor del profesorado tiene un impacto especialmente valioso en empresas que apuestan por la profesionalización, la digitalización o la cultura de la mejora continua.

Fig. 5. Los formadores y formadoras actúan como agentes de cambio silenciosos dentro de la empresa

A continuación, se describen varios casos ficticios contextualizados, analizando qué técnicas se aplicaron, cómo se desarrollaron y por qué se consideran exitosos.

Caso 1: Mejora de la productividad mediante formación Lean en planta

En una empresa del sector industrial dedicada al montaje de componentes metálicos, uno de los jefes de línea, con experiencia previa como formador técnico, identificó múltiples paradas improductivas debidas a desorganización del puesto de trabajo y mal uso del material. En lugar de recurrir a soluciones externas, diseñó e impartió un programa interno de formación basado en las 5S (clasificar, ordenar, limpiar, estandarizar y mantener la disciplina).

La formación no fue teórica: consistió en sesiones breves de 30 minutos in situ, combinadas con dinámicas participativas donde cada operario rediseñaba su estación de trabajo. Además, se implantó un sistema visual de control con etiquetas y zonas delimitadas. El formador (jefe de línea) realizó seguimiento durante varias semanas, aplicando también técnicas de coaching individual para quienes mostraban resistencia al cambio.

El resultado fue una mejora del 20 % en la productividad de la línea, reducción de errores y mayor satisfacción del personal. Este caso demuestra que un profesional con perfil docente dentro de la empresa puede tener un impacto real si sabe traducir herramientas de gestión en procesos formativos eficaces y contextualizados.

Caso 2: Reducción de errores humanos mediante formación específica en calidad

En una empresa farmacéutica, los responsables de calidad detectaron que gran parte de los fallos en controles intermedios de producción se debían a desconocimiento o interpretación errónea de los procedimientos. En lugar de castigar el error, el técnico de calidad con perfil pedagógico propuso rediseñar el sistema formativo: creó materiales visuales simplificados, grabó vídeos breves con explicaciones prácticas y reorganizó los contenidos de formación en módulos progresivos.

Además, implantó una metodología de evaluación por observación directa en lugar de test teóricos, y estableció tutorías individuales de refuerzo. La empresa utilizó una plataforma interna tipo Moodle, adaptada al entorno farmacéutico, para hacer seguimiento del progreso formativo de cada operario.

Gracias a esta intervención formativa, la tasa de errores se redujo en un 40 % en seis meses, y se generó una cultura de mejora continua donde el aprendizaje era visto como una herramienta, no como una imposición. El éxito se debió tanto al contenido como al enfoque metodológico centrado en el aprendizaje real, impulsado por personal con formación pedagógica.

Caso 3: Transformación del departamento logístico a través de formación continua

En una empresa de distribución con sede en Madrid, el responsable de operaciones asumió el reto de digitalizar la gestión del almacén mediante un nuevo software SGA (Sistema de Gestión de Almacenes). Para asegurar el éxito de la implantación, se apoyó en una técnica de RR. HH. con experiencia como formadora.

Ambos diseñaron un plan escalonado de microformaciones prácticas, centradas en el uso del nuevo sistema. No se limitaron a explicar cómo funcionaba el software, sino que contextualizaron cada función en situaciones reales de trabajo. Se aplicaron técnicas como el aprendizaje entre pares, el uso de role-playing para simular incidencias, y la creación de manuales operativos ilustrados en formato digital.

La implicación de los mandos intermedios en las sesiones ayudó a que el personal sintiera la formación como útil y no impuesta. Como resultado, el sistema fue implantado con éxito, sin interrupción de la operativa, y con una mejora en la trazabilidad y control del stock. La formadora interna fue posteriormente asignada a la dirección del plan de competencias logísticas de toda la empresa.

3. Extracción de las conclusiones de las experiencias aportadas en las sesiones

En un entorno formativo orientado a la gestión de la cadena de suministro, el análisis de experiencias, aunque sean teóricas, documentadas o simuladas, permite identificar patrones comunes de éxito y error en la toma de decisiones empresariales. Extraer conclusiones generales sobre estas situaciones facilita la comprensión profunda del *management logístico* y ayuda a visualizar su aplicabilidad más allá de los casos particulares.

3.1. Aplicación de los conocimientos a otros sectores o actividades

La gestión de la cadena de suministro no es una disciplina cerrada o exclusiva del ámbito logístico-industrial, sino que representa un conjunto de principios organizativos y operativos que pueden aplicarse transversalmente en otros sectores.

A través del análisis de procesos como el aprovisionamiento, la planificación de la demanda, la gestión del stock o la distribución física de productos, se obtiene un conocimiento estratégico que también resulta útil en sectores como la hostelería, la sanidad, el comercio minorista, la administración pública o los servicios técnicos.

Fig. 6. Los principios logísticos bien aplicados no entienden de sectores, sino de procesos

Por ejemplo, el control de inventarios no es exclusivo de un almacén de piezas: también se aplica en la gestión de suministros hospitalarios, en una empresa de catering o en una librería. La aplicación del enfoque Lean o la mejora continua en tareas repetitivas puede beneficiar tanto a un taller de montaje como a una oficina de atención al cliente. Así, los conocimientos adquiridos en gestión logística se convierten en herramientas transferibles, capaces de mejorar la eficiencia operativa en cualquier tipo de organización que maneje flujos materiales, informativos o de servicios.

Esta capacidad de adaptación demuestra que las competencias adquiridas en este ámbito tienen un valor añadido en el mercado laboral, al ampliar el abanico de sectores en los que pueden aplicarse con eficacia.

3.2. Aportación de valor de una adecuada gestión de management

Una correcta gestión del *management* dentro de la cadena de suministro contribuye directamente al éxito global de la empresa, no solo desde el punto de vista operativo, sino también estratégico. A través de una planificación eficaz de la producción y la distribución, una empresa puede mejorar sus márgenes, aumentar su competitividad y fortalecer su imagen frente a clientes, proveedores e inversores.

Recuerda

La gestión del *management* se refiere a la forma en que se dirige y coordina la cadena de suministro, integrando tanto la parte operativa como la estratégica para mejorar la eficiencia y los resultados globales de la empresa.

Fig. 7. Una cadena de suministro bien gestionada une todas las piezas que hacen avanzar la empresa

Cuando el *management* se ejerce con visión global —es decir, considerando toda la red de suministro como un sistema interconectado y no como procesos aislados— se incrementa la capacidad para anticipar problemas, responder ante imprevistos y optimizar los recursos disponibles. Además, la gestión por indicadores (KPI), el análisis de datos y la toma de decisiones basada en evidencias se traducen en mejoras concretas y medibles, como la reducción de tiempos de entrega, el aumento del nivel de servicio o la disminución de costes logísticos innecesarios.

Asimismo, un *management* eficaz promueve una cultura organizativa orientada a la mejora continua, lo que se traduce en un mayor compromiso de los trabajadores y trabajadoras, mejor comunicación interdepartamental y capacidad para adaptarse a los cambios del mercado, la tecnología o la normativa.

Comunicación interdepartamental: intercambio fluido y eficaz de información entre diferentes áreas o departamentos de la empresa, clave para la coordinación y la eficiencia.

3.3. Conclusiones efectivas de las experiencias aportadas

La capacidad para extraer conclusiones efectivas a partir de experiencias se trata de interpretar las causas de lo que ha ocurrido, valorar sus consecuencias y aplicar ese aprendizaje en decisiones futuras. Este proceso convierte la experiencia —propia o ajena— en conocimiento útil, aplicable y valioso.

El valor de las conclusiones efectivas radica, en primer lugar, en su capacidad para orientar acciones concretas. A partir del análisis de una desviación en los niveles de stock, por ejemplo, una conclusión efectiva no se limita a señalar el error de cálculo, sino que detecta fallos en la comunicación entre ventas y aprovisionamiento, y propone mejorar el sistema de previsión o introducir revisiones periódicas de la demanda. Esta orientación a la acción convierte la conclusión en un instrumento de gestión y no solo en una observación retrospectiva.

En segundo lugar, las conclusiones bien estructuradas permiten establecer patrones o tendencias. Si en distintos momentos o departamentos se repite una misma disfunción —como retrasos en entregas por falta de visibilidad del inventario—, la conclusión general es que existe un problema estructural en la trazabilidad. Esta identificación de causas comunes permite pasar de lo anecdótico a lo estratégico, diseñando medidas transversales y no respuestas aisladas.

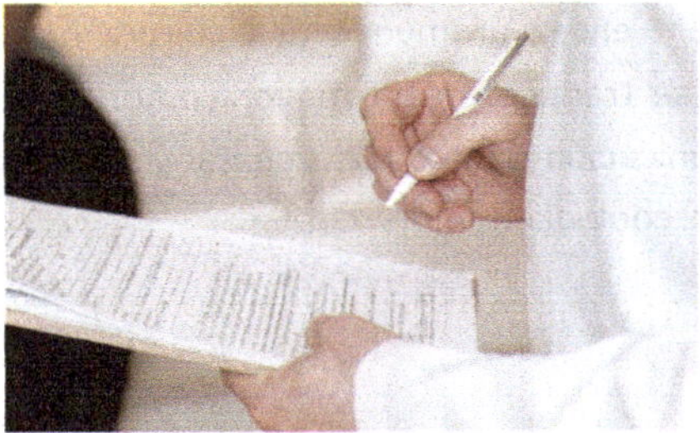

Fig. 8. Saber extraer buenas conclusiones es una competencia clave para cualquier profesional del management logístico

En tercer lugar, las conclusiones efectivas fomentan la cultura organizativa del aprendizaje, especialmente en empresas que trabajan con equipos multidisciplinares o entornos cambiantes. Compartir estas conclusiones en informes de mejora, sesiones de retroalimentación o reuniones interdepartamentales fortalece la transparencia, la prevención de errores y el trabajo colaborativo. Así, el conocimiento deja de estar limitado a quien vivió la experiencia y pasa a formar parte del capital organizativo.

En el contexto específico de la cadena de suministro, donde cada decisión afecta a múltiples eslabones, una conclusión válida en un área puede tener consecuencias positivas en otra. Por ejemplo, identificar que las devoluciones frecuentes no se deben a defectos del producto, sino a un embalaje deficiente, no solo mejora la satisfacción del cliente, sino que reduce costes logísticos, mejora la reputación de la marca y optimiza los flujos de distribución.

Anotación

El valor de las conclusiones efectivas reside en su capacidad transformadora. No se trata de acumular informes o resumir hechos, sino de traducir el análisis en aprendizaje, y el aprendizaje en decisiones que mejoren la eficiencia, la coordinación y la resiliencia de la cadena de suministro.

Resumen

La eficacia en la gestión de la cadena de suministro depende de la estructura organizativa, la coordinación entre niveles jerárquicos y la capacidad de liderazgo. Desde los órganos estratégicos (alta dirección) hasta los niveles operativos, cada actor tiene una función clave: diseñar, planificar y ejecutar acciones alineadas con los objetivos de la empresa. En modelos como el jerárquico, funcional o por procesos, la claridad en los roles y la comunicación vertical son esenciales, aunque en entornos más dinámicos se valora también la flexibilidad de estructuras horizontales o por proyectos. Los departamentos de producción, logística, comercial o TI deben funcionar como engranajes sincronizados para garantizar la eficiencia global.

Además, e liderazgo y el coaching son herramientas importantes para potenciar el compromiso del equipo y facilitar el cambio. La medición mediante indicadores (KPI) permite evaluar y tomar decisiones basadas en datos, optimizando el servicio al cliente, la rotación de inventario o los costes logísticos.

Glosario

Coaching empresarial

Metodología de acompañamiento y desarrollo profesional individual o grupal basada en objetivos, escucha activa y motivación.

KPI (Key Performance Indicator)

Indicador clave que permite medir el rendimiento de un proceso o área para tomar decisiones informadas.

Liderazgo transformacional

Estilo que motiva a través de la visión y el compromiso emocional, clave en entornos de cambio y mejora continua.

Management

Conjunto de acciones de dirección, organización y control para lograr los objetivos estratégicos de la empresa, especialmente en entornos complejos como la cadena de suministro.

Modelo funcional

Organización basada en departamentos especializados que actúan de forma relativamente independiente.

Modelo jerárquico

Estructura piramidal clásica en la que cada nivel tiene autoridad sobre el inferior y se definen funciones de forma vertical.

Modelo por procesos

Estructura centrada en el flujo de valor desde el cliente hasta el proveedor, en lugar de áreas independientes.

Órganos de gestión

Niveles jerárquicos que dirigen y supervisan la actividad de una empresa: estratégico, táctico y operativo.

Rotación de inventario

Número de veces que el stock se renueva en un periodo determinado; mide eficiencia y gestión del almacén.

Trazabilidad

Capacidad de seguir el rastro de un producto, desde su origen hasta su entrega final, clave para la calidad y la logística.

Ejercicios de autoevaluación

1. **¿Cuál de los siguientes niveles de gestión se encarga de definir la misión, visión y objetivos generales de la empresa?**

   a. Operativo.

   b. Táctico.

   c. Estratégico.

   d. Funcional.

2. **¿Qué departamento es responsable de coordinar turnos, recursos y prioridades productivas en una empresa?**

   a. Logística.

   b. Producción.

   c. Recursos Humanos.

   d. Comercial.

3. **En un modelo organizativo funcional, ¿cuál es uno de los principales riesgos?**

   a. Falta de especialización.

   b. Exceso de liderazgo carismático.

   c. Comunicación deficiente entre áreas.

   d. Falta de estructura jerárquica.

4. **¿Cuál es el objetivo del enfoque de coaching empresarial?**

   a. Aumentar la rotación de inventario.

   b. Mejorar el liderazgo autoritario.

   c. Desarrollar el potencial del personal.

   d. Sustituir los mandos intermedios.

5. ¿Qué indicador mide el tiempo entre la realización de un pedido y su entrega al cliente?

    a. Nivel de servicio.

    b. Tiempo de ciclo de pedido (Lead Time).

    c. Tasa de rotura de stock.

    d. Rotación de inventario.

6. ¿Qué modelo organizativo combina estructura funcional y gestión por proyectos?

    a. Matricial.

    b. Holocrático.

    c. Vertical.

    d. Por procesos.

7. ¿Cuál es el valor orientativo óptimo del indicador "precisión de inventario"?

    a. 70 %

    b. 85 %

    c. 98 %

    d. 100 %

8. ¿Qué estilo de liderazgo se basa en inspirar, motivar y empoderar al equipo?

    a. Transaccional.

    b. Transformacional.

    c. Autocrático.

    d. Burocrático.

9. **¿Qué departamento suele encargarse de las campañas publicitarias y el análisis de mercado?**

    a. Producción.
    b. Logística.
    c. Comercial.
    d. Tecnología.

10. **¿Cuál de los siguientes modelos organizativos se caracteriza por formar equipos temporales y adaptativos?**

    a. Jerárquico clásico.
    b. Por procesos.
    c. Por células ágiles.
    d. Funcional.

Módulo 6. Management en la cadena de suministro

Aplicaciones prácticas

Aplicación práctica 1. Mejora de una cadena de suministro local

Módulo 1. Cadena de suministro

Una pequeña empresa de productos ecológicos (como mermeladas y conservas) distribuye sus productos en mercados locales de tres provincias. Actualmente, los productos se almacenan durante semanas y los pedidos se preparan manualmente, generando retrasos frecuentes y errores en los envíos.

Analiza los eslabones de la cadena de suministro de esta empresa (abastecimiento, producción, distribución, venta). Señala qué eslabón está generando cuellos de botella y sugiere una solución tecnológica sencilla (IoT, VMI, blockchain...) que mejore la eficiencia sin grandes inversiones.

- ¿Qué parte del proceso está ralentizando la entrega?
- ¿Podría aplicarse un modelo Just-in-Time o cross-docking en algún punto?
- ¿Cómo puede una pequeña empresa mejorar su trazabilidad sin grandes costes?

Aplicación práctica 2. Gestión de la producción

Módulo 2: Gestión de la producción en una empresa

Lindanor S.L. es una empresa ubicada en el polígono industrial de Álava. Se dedica al diseño y fabricación de sistemas de climatización industrial silenciosa, muy valorados en centros logísticos y fábricas de gran volumen. Sus productos se venden sobre todo entre los meses de mayo y agosto, coincidiendo con el aumento de temperaturas. Sin embargo, año tras año, la empresa comienza a producir en abril, sin anticiparse a este comportamiento del mercado, lo que provoca retrasos, estrés en el personal y falta de componentes clave.

Durante una reunión interna en enero, el responsable de operaciones presenta un gráfico que muestra cómo el 70 % de las ventas se concentran en los meses de verano. El equipo directivo reconoce que, si no se toman medidas, volverán a enfrentar los mismos problemas del año anterior.

- ¿Qué procedimiento recomendarías aplicar para anticiparse mejor a este patrón de ventas estacional y evitar producir a contrarreloj? En base a ese análisis, el equipo comercial estima que este año podrían alcanzar las 800 unidades vendidas en el mismo periodo. Sin embargo, actualmente solo hay 50 unidades en stock y el almacén de materias primas contiene apenas un 10 % de los componentes necesarios para afrontar la campaña.

- ¿Cómo debería organizar su planificación de aprovisionamiento y producción para garantizar la disponibilidad de producto sin generar sobrestock innecesario? A la vista de los datos, el área comercial propone comenzar la producción en febrero, fabricando 500 unidades por adelantado para tener margen de seguridad. Por el contrario, el responsable de producción señala que ese enfoque podría ser arriesgado y costoso si la demanda no se materializa como esperan.

- ¿Consideras más adecuado un enfoque Make to Stock o Make to Order en este caso? Justifica tu respuesta teniendo en cuenta el tipo de producto y su comportamiento en el mercado.

Aplicación práctica 3. Problemas logísticos

Módulo 3. Gestión de almacenes

Ferretería Hermanos Álvarez es una empresa familiar situada en un polígono industrial de Guadalajara. En su almacén de 400 m² gestionan más de 1.500 referencias de productos: desde cajas de tornillos hasta taladros, estufas y perfiles metálicos. Llevan años trabajando con estanterías convencionales y transpaletas manuales, pero últimamente sufren desorganización, pérdidas de stock y retrasos en los pedidos.

La situación actual es la siguiente:

- Muchos productos pequeños están mal ubicados o sin etiquetar.
- Las cajas más demandadas están en zonas altas o alejadas.
- El operario recorre más de 2 km al día solo para preparar pedidos.
- Hay frecuentes errores al preparar paquetes para clientes profesionales.

Realiza las siguientes tareas:

1. Analiza el caso y redacta una propuesta de mejora para su almacén.
2. Identifica al menos tres problemas logísticos observados en el almacén actual (por ejemplo, distribución, ergonomía, trazabilidad...).
3. Propón soluciones realistas que no impliquen una gran inversión, justificando por qué mejorarían la eficiencia.

Aplicación práctica 4. Mejoras en el reparto

Módulo 4. Gestión integral del transporte y logística inversa

Trabajas en una tienda de productos ecológicos en el centro de tu ciudad. Quieren repartir a domicilio de forma más sostenible y recoger los envases usados de los clientes.

- **Reparto.** Elige un vehículo más ecológico (por ejemplo, bici eléctrica o furgoneta pequeña eléctrica). Explica por qué lo usarías.
- **Recogida de envases.** Piensa cómo podrías recoger los envases usados cuando entregas productos. ¿Dónde los guardarías? ¿Qué harías con ellos?
- **Tecnología.** Elige qué app o sistema usarías para ver las rutas o controlar las entregas.
- **Resultado.** Explica brevemente cómo esta idea ayudaría al medio ambiente y mejoraría el servicio.

Aplicación práctica 5. Transformación tecnológica en la empresa

Módulo 5. Tecnologías disruptivas en la Supply chain

"Almazara Sierra Verde" es una cooperativa agrícola ubicada en Jaén, dedicada desde hace más de 30 años a la producción y comercialización de aceite de oliva virgen extra. Su plantilla está compuesta por 42 empleados, muchos de ellos con larga trayectoria en la empresa. El proceso de producción sigue siendo principalmente manual y está descentralizado: desde la recepción de aceituna, la molturación y el envasado, hasta la distribución del producto final.

En los últimos cinco años, la empresa ha experimentado un incremento en la demanda, especialmente de clientes europeos que valoran la trazabilidad, la sostenibilidad y la entrega rápida. Sin embargo, la cooperativa ha empezado a enfrentar varios problemas:

- Desajustes entre pedidos y capacidad de producción.
- Errores en el etiquetado de lotes y pérdida de trazabilidad.
- Altos costes logísticos por rutas mal planificadas.
- Dificultad para responder a auditorías de calidad en tiempo.
- Rechazo inicial del personal a cualquier cambio tecnológico.

Ante esta situación, la Dirección decide iniciar una transformación tecnológica parcial basada en las siguientes acciones.

- **Fase 1 – Digitalización del proceso de producción.** Se implantan sensores IoT en las tolvas de recepción para controlar el peso y calidad del fruto. Se instala un sistema de trazabilidad digital que identifica cada lote con códigos QR escaneables desde el móvil. Se capacita al personal en el uso básico de tabletas.

- **Fase 2 – Automatización del almacén.** Se introduce un pequeño sistema WMS adaptado a pymes, que organiza el stock según el método FIFO. Para mejorar la preparación de pedidos, se incorpora el sistema pick to light. Se reducen errores de expedición un 45 % en los primeros tres meses.

- **Fase 3 – Optimización del transporte.** Se contrata una plataforma TMS basada en la nube, que propone rutas óptimas en función del tipo de carga, condiciones de tráfico y tiempos de entrega. Además, los camiones se equipan con sensores IoT que monitorean temperatura y vibraciones, claves en los envíos a países nórdicos.

- **Fase 4 – Mejora continua y cultura digital.** La cooperativa diseña una estrategia de formación progresiva para todo el equipo, incluyendo jornadas presenciales, vídeos cortos y acompañamiento de perfiles digitales jóvenes contratados como agentes del cambio. También se mide el retorno de inversión cada seis meses y se recogen opiniones del personal para ajustar el proceso.

1. ¿Qué tecnologías disruptivas se han implantado en "Almazara Sierra Verde" y en qué fase del proceso logístico se aplican? Clasifícalas según su función principal (producción, almacenamiento, transporte, gestión).
2. Explica cómo contribuye el sistema de trazabilidad digital con códigos QR a la mejora de la calidad y cumplimiento normativo en la empresa. ¿Qué riesgos podría evitar?
3. Analiza la decisión de instalar un sistema WMS. ¿Qué ventajas ofrece en una empresa como esta? ¿Crees que fue adecuada su implantación parcial? Justifica tu respuesta.
4. La empresa ha apostado por un enfoque gradual y participativo. ¿Por qué es importante incluir formación y agentes del cambio en este tipo de transformaciones tecnológicas?

Aplicación práctica 6. Mejora de la organización interna

Módulo 6. Management en la cadena de suministro

Elandor Distribuciones Verdes, S.L. es una pequeña empresa ficticia situada en Segovia, especializada en la distribución de productos ecológicos a comercios locales, herbolarios y pequeños supermercados. Dispone de 14 trabajadores, 3 furgonetas de reparto y un almacén de 400 m², pero está creciendo rápidamente y necesita mejorar su organización interna.

La empresa ha detectado varios problemas recurrentes:

- No existe una estructura clara de funciones: todos hacen de todo.
- Las entregas se retrasan por falta de coordinación entre almacén y transporte.
- No se utilizan indicadores para evaluar el rendimiento logístico ni la satisfacción del cliente.

1. Diseña una estructura jerárquica básica (estratégica, táctica y operativa), asignando funciones a cada perfil.
2. Propón dos KPI logísticos que sirvan para medir el rendimiento.
3. Establece un canal de coordinación regular entre el responsable de almacén y el de transporte.

Ejercicio de evaluación final

1. ¿Qué eslabón de la cadena de suministro se encarga de transformar materias primas en productos terminados?

a. Fabricación.

b. Comercialización.

c. Logística inversa.

d. Distribución.

2. ¿Qué es uno de los principales objetivos de la logística inversa?

a. Generar demanda.

b. Gestionar devoluciones y residuos.

c. Aumentar el precio del producto.

d. Reducir la producción.

3. ¿Qué efecto negativo puede producir una mala coordinación entre eslabones de la cadena?

a. Reducción de la rotación de stock.

b. Mejora del margen de beneficio.

c. Efecto látigo.

d. Incremento de la fidelidad del cliente.

4. ¿Qué herramienta permite conocer en tiempo real el estado de los productos en tránsito?

a. Forecasting.

b. CRM.

c. ERP.

d. RFID.

5. ¿Qué ventaja aporta una estrategia de integración vertical en la cadena de suministro?

a. Mejora de la sincronización y control.

b. Mayor dependencia de proveedores.

c. Aumento del transporte externo.

d. Externalizar procesos de fabricación.

6. ¿Qué estrategia de producción se basa en fabricar únicamente cuando hay un pedido?

a. Make to stock (MTS).

b. Just in time (JIT).

c. Make to order (MTO).

d. Push.

7. ¿Qué permite una correcta previsión de la demanda?

a. Aumentar el tiempo de entrega.

b. Reducir roturas de stock y sobreproducción.

c. Elevar el coste de inventario.

d. Minimizar la calidad del producto.

8. ¿Qué ventaja ofrece el uso de Big Data en la previsión de demanda?

a. Actualización dinámica y precisa.

b. Reducción de la productividad.

c. Aumento de stock de seguridad.

d. Mayor coste de análisis.

9. ¿Qué es el efecto látigo?

    a. Disminución de precios.

    b. Distorsión creciente de la demanda a lo largo de la cadena.

    c. Aumento del stock final.

    d. Reducción en los plazos de entrega.

10. ¿Cuál de las siguientes herramientas forma parte de los métodos tradicionales de previsión?

    a. Blockchain.

    b. Gemelo digital.

    c. Machine learning.

    d. Promedio móvil.

11. ¿Qué función cumple el embalaje terciario?

    a. Unitariza para transporte.

    b. Agrupa unidades primarias.

    c. Contiene directamente el producto.

    d. Aumenta el peso del producto.

12. ¿Qué sistema de estanterías permite almacenar productos homogéneos con alta densidad?

    a. Estantería cantiléver.

    b. Estantería móvil.

    c. Estantería selectiva.

    d. Estantería drive-in.

13.¿Qué tipo de estantería es ideal para mercancías de gran longitud como tubos o maderas?

   a.   Estantería convencional.
   b.   Estantería cantiléver.
   c.   Estantería drive-through.
   d.   Estantería dinámica.

14.¿Qué ventaja ofrece la contenerización en transporte?

   a.   Mayor manipulación.
   b.   Protección e integración intermodal.
   c.   Mayor tiempo de carga.
   d.   Menor seguridad.

15.¿Qué tecnología se emplea en los almacenes para identificar mercancía sin contacto físico?

   a.   PLC.
   b.   SCADA.
   c.   RFID.
   d.   IA.

16.¿Cuál de los siguientes es un ejemplo de transporte intermodal?

   a.   Tren de mercancías en trayecto único.
   b.   Barco que navega por canal interior.
   c.   Camión de fábrica a cliente.
   d.   Contenedor en tren y barco con distintos contratos.

17.¿Qué documento regula el transporte internacional por carretera?

a. B/L.

b. CIM.

c. CMR.

d. AWB.

18.¿Qué modo de transporte es más adecuado para grandes volúmenes y largas distancias?

a. Marítimo.

b. Carretera.

c. Aéreo.

d. Fluvial.

19.¿Cuál es una característica del transporte multimodal?

a. Mayor carga administrativa.

b. Un solo modo de transporte.

c. Un contrato único para toda la cadena.

d. Sin seguimiento.

20.¿Cuál es una función clave de la logística inversa?

a. Mejorar la calidad del producto.

b. Reducir el tiempo de tránsito.

c. Gestionar devoluciones y residuos.

d. Aumentar el stock disponible.

21.¿Qué permite el análisis Big Data en la cadena de suministro?

    a. Detectar patrones complejos en tiempo real.

    b. Estimar tiempos de conducción.

    c. Reducir la automatización.

    d. Menor precisión.

22.¿Qué tecnología permite simular un proceso productivo antes de implementarlo?

    a. IoT.

    b. RPA.

    c. Gemelo digital.

    d. Inteligencia artificial.

23.¿Qué mide la escalabilidad de una tecnología?

    a. Capacidad de adaptarse a futuros volúmenes.

    b. Posibilidad de operar en varios turnos.

    c. Velocidad de respuesta ante incidencias.

    d. Capacidad para integrarse con redes sociales.

24.¿Cuál de las siguientes opciones es un riesgo de implantar tecnología sin planificación?

    a. Sobrecoste y resistencia al cambio.

    b. Reducción de costes.

    c. Mayor eficiencia.

    d. Mejora de procesos.

25.¿Qué herramienta permite representar visualmente los factores clave de una tecnología?

a. Mapa de procesos.

b. Árbol de decisiones.

c. Radar tecnológico.

d. Diagrama de Gantt.

26.¿Qué nivel de la jerarquía empresarial toma decisiones estratégicas a largo plazo?

a. Medio.

b. Funcional.

c. Estratégico.

d. Operativo.

27.¿Qué característica tiene el modelo organizativo matricial?

a. Poca coordinación.

b. Verticalidad rígida.

c. Doble dependencia jerárquica.

d. Falta de comunicación.

28.¿Qué modelo organizativo se basa en flujos de valor en lugar de departamentos?

a. Jerárquico.

b. Funcional.

c. Por procesos.

d. Matricial.

29.¿Cuál de los siguientes roles pertenece al nivel táctico en supply chain?

- a. Operario de almacén.
- b. Director de logística.
- c. Jefe de tráfico.
- d. CEO.

30.¿Cuál es una función típica del nivel operativo?

- a. Marcar objetivos de sostenibilidad.
- b. Evaluar inversiones internacionales.
- c. Aprobar fusiones.
- d. Repartir tareas y gestionar el turno.

Solucionario

Módulo 1. Cadena de suministro

1. c	**6.** c
2. d	**7.** c
3. b	**8.** c
4. c	**9.** c
5. c	**10.** c

Módulo 2. Gestión de la producción en una empresa

1. c	**6.** c
2. b	**7.** d
3. c	**8.** c
4. c	**9.** b
5. d	**10.** c

Módulo 3. Gestión de almacenes

1. c	**6.** c
2. c	**7.** c
3. c	**8.** b
4. b	**9.** a
5. b	**10.** c

Módulo 4. Gestión integral del transporte y logística inversa

1. c	**6.** c
2. c	**7.** b
3. c	**8.** c
4. c	**9.** b
5. c	**10.** b

Módulo 5. Tecnologías disruptivas en la Supply chain

1. c	**6.** b
2. c	**7.** c
3. b	**8.** b
4. c	**9.** c
5. c	**10.** d

Módulo 6. *Management* en la cadena de suministro

1. c	**6.** a
2. b	**7.** c
3. c	**8.** b
4. c	**9.** c
5. b	**10.** c

Bibliografía

Webgrafía

Aplicaciones de la inteligencia artificial en logística

https://www.mecalux.es/blog/inteligencia-artificial-logistica

Automatización en Amazon y otros ejemplos

https://thelogisticsworld.com/innovacion/automatizacion-en-amazon-y-otros-ejemplos-como-la-robotica-y-la-ia-estan-transformando-los-centros-logisticos-de-latam/

Cadena de suministro

https://economipedia.com/definiciones/cadena-de-suministro.html

Cómo el Big Data ha revolucionado la logística

https://www.iebschool.com/hub/big-data-en-logistica-big-data/

Ejemplos de cadenas de suministros: casos de éxito

https://advancedfleetmanagementconsulting.com/blog/2018/05/05/ejemplos-cadenas-suministros-casos-exito/

Gafas inteligentes y *wearables*, la norma en los almacenes de DHL Supply Chain

https://clusterlogistic.org/es/gafas-inteligentes-y-wearables-la-norma-en-los-almacenes-de-dhl-supply-chain/

La transformación de los almacenes mediante la automatización

https://blog.seur.com/transformacion-almacenes-automatizacion/

Logística inversa en la cadena de suministro

https://www.beetrack.com/es/blog/logistica-inversa-cadena-suministro

Mercadona automatiza su centro logístico de San Isidro (Alicante) aumentando la vida útil de sus productos frescos
https://www.logisticaprofesional.com/texto-diario/mostrar/4485255/mercadona-automatiza-centro-logistico-san-isidro-aumentando-vida-util-productos-frescos

Picking
https://acrosslogistics.com/blog/picking-que-es-y-tipos

¿Qué es la cadena de suministro y cómo funciona?
https://contabilidadfinanzas.com/blog/que-es-la-cadena-de-suministro/

¿Qué tipos de carretillas elevadoras existen?
https://grupogdh.com/blog/tipos-de-carretillas-elevadoras/